Jean-Noël Mouret

AU CŒUR DE LA MONNAIE DE PARIS

Gallimard HORS SÉRIE DÉCOUVERTES
Monnaie de Paris

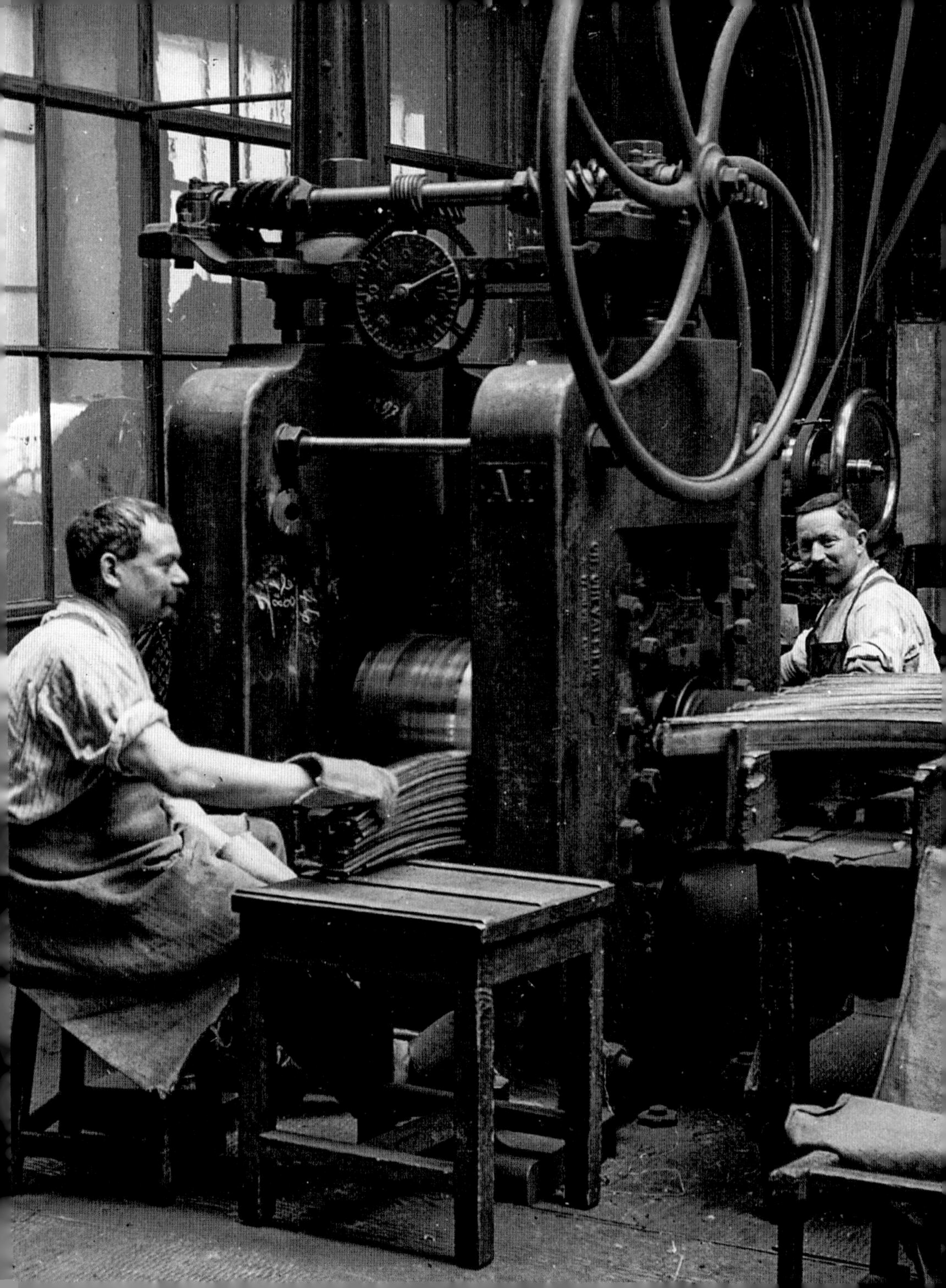

La Monnaie de Paris, mille ans d'activité

Créée avant l'an mil par édit royal, la Monnaie de Paris a traversé les turbulences des siècles sans jamais cesser son activité. Après plusieurs localisations dans Paris, l'institution se fixe en 1775 dans le palais-manufacture du quai de Conti qu'elle occupe encore aujourd'hui.

Elle est la plus ancienne entreprise du monde : le 25 juin 864, un édit majeur du roi Charles II le Chauve, l'édit de Pîtres, fonde la Monnaie de Paris en ces termes : « Nous avons décidé qu'en aucun autre lieu dans tout notre royaume on ne fasse de monnaie sauf à Paris et dans notre palais et à Quentovic (en raison de l'ancienneté de son atelier), et à Rouen et à Reims et à Sens et à Chalon et à Melle et à Narbonne et Orléans. » Neuf siècles plus tard, par la volonté de Louis XV, l'institution réorganisée intègre ses locaux du quai de Conti. Aujourd'hui, la Monnaie de Paris occupe toujours ce prestigieux ensemble architectural, à la fois palais, musée et atelier d'art.

De toutes les grandes institutions royales du XVIIIe siècle, la Monnaie de Paris est la dernière à vibrer au rythme des machines. Depuis le 20 décembre 1775, les balanciers, puis les presses monétaires n'ont jamais cessé leur activité, même si la fabrication des monnaies courantes a été décentralisée à Pessac, près de Bordeaux, en décembre 1973.

La centralisation de la frappe des monnaies à Paris résultait d'ailleurs d'une longue évolution achevée en 1878 par la fermeture du dernier atelier régional, la Monnaie de Bordeaux. Si l'édit de Charles II prévoyait en 864 la création de dix centres de frappe monétaire, on en dénombrait une trentaine en 1539. Au fil du temps, le privilège de battre monnaie, souvent seigneurial, deviendra un monopole royal. En 1789 ne subsistaient que dix-sept ateliers, dont l'outillage était fourni par Paris. La Révolution fermera la moitié d'entre eux, et le mouvement se poursuivra au cours du XIXe siècle. Pendant près d'un siècle, la totalité des monnaies françaises vont sortir des ateliers du quai de Conti – à l'exception des deux guerres mondiales, pendant lesquelles fonctionnent des ateliers « de crise » : Castelsarrasin (1914 et 1942-1946) et Beaumont-le-Roger (1940 et 1943-1958).

Atelier de la Monnaie de Paris, le gros laminoir, 1907.

Le temple de la Fortune

En un temps où la monnaie métallique constitue le seul moyen de paiement, avec des pièces en or, argent, cuivre et alliages cuivreux, le lieu où s'élabore cette monnaie est porteur d'une puissante valeur symbolique que l'architecte de la Monnaie de Paris, Jacques-Denis Antoine (1733-1801), a parfaitement su exprimer dans un édifice qui représente son chef-d'œuvre.

Antoine est un homme discret, modeste, dans l'ombre de ses grands contemporains, les Soufflot, Boullée ou Ledoux. Il n'a jamais passé les grands concours académiques indispensables pour être officiellement architecte. Mais cet esprit libre et original, autodidacte surdoué, occupe le poste de contrôleur des bâtiments de l'ancien hôtel des Monnaies, alors proche du Louvre. Il connaît bien les contraintes industrielles à intégrer dans le futur édifice. Il est aussi l'auteur d'un projet (non réalisé) de nouveau théâtre pour la Comédie-Française, expérience qui lui sera précieuse car il va devoir exalter le pouvoir royal dans une mise en scène fastueuse. Du plan d'ensemble au moindre détail d'ornementation, chaque perspective, chaque colonnade, chaque statue, chaque bas-relief doit refléter la puissance du monarque et la prospérité du royaume. Ainsi, côté Seine, le portail d'entrée monumental est surmonté des représentations de l'Abondance, de la Prudence, du Commerce, de la Force, de la Justice et de la Paix. Dans les cours intérieures trônent la Bonne Foi, l'Expérience, la Vigilance… Symbole encore plus fort, le cœur de l'édifice n'accueille pas une chapelle, comme c'est alors la règle, mais l'atelier principal, le Grand Monnayage, là où l'on « bat monnaie ». Les ouvriers y travaillent sous le regard de la figure allégorique de la Fortune, dont la statue monumentale occupe l'abside, emplacement traditionnellement dévolu à l'autel. L'incontournable chapelle sera, elle, édifiée dans un angle de la cour des Remises.

Jacques-Denis Antoine n'a pas eu la tâche facile : il a dû composer avec un terrain certes vaste (1,2 hectare), mais de forme trapézoïdale et déjà encombré de constructions, sans oublier la contrainte supplémentaire du quai de Conti, sur lequel il n'est pas question d'empiéter. Autres obligations, parfois contradictoires, du cahier des charges : côté Seine, la façade devra être celle d'un palais, mais pas question pour autant de négliger les ateliers, qui devront bénéficier de tous les perfectionnements techniques de l'époque et permettre une organisation rationnelle du travail. Ils seront spacieux, lumineux, faciles d'accès : de la livraison des matières premières à la délivrance des produits finis, toutes les charges lourdes pourront être manipulées de plain-pied. Pour des raisons de sécurité, métaux précieux et pièces de monnaie doivent emprunter la même entrée unique que les visiteurs de marque : le prestigieux vestibule d'accès à la cour d'honneur devra être conçu de manière à gérer sans anicroche le ballet des lourds charrois et des carrosses.

Enfin, et ce n'est pas le moindre des défis, le roi est très pressé. En 1766, un premier projet d'hôtel des Monnaies place Louis XV – future place de la Concorde –, déjà confié à Jacques-Denis Antoine, avait échoué. Les premiers coups de pioche à peine donnés, les travaux sont abandonnés en 1767 face à l'opposition de la puissante corporation des orfèvres et changeurs, qui fait pression pour que le nouvel hôtel reste proche du Pont-Neuf. Justement, un vaste terrain est disponible tout à côté, celui des anciens hôtels particuliers des princes de Conti. La Ville de Paris envisageait d'y installer le nouvel Hôtel de Ville, mais vient de renoncer à son projet. Le 16 avril 1668, Louis XV décide l'achat du

terrain. Le chantier débute dans la foulée par la démolition du grand hôtel de Conti : il est urgent de faire place nette. Dès le 30 avril 1771 se déroule la cérémonie de la première pierre, posée par le contrôleur général des finances, l'abbé Joseph-Marie Terray. La construction sera menée tambour battant : le 20 décembre 1775, la Monnaie de Paris est inaugurée par Louis XVI après moins de cinq années de travaux. Tout Paris se presse pour découvrir l'édifice, admirant l'élégance classique des façades et la modernité des ateliers. En récompense, Jacques-Denis Antoine sera comblé d'honneurs. En 1776, il est reçu à l'Académie royale d'architecture et, en 1777, il se voit attribuer dans l'hôtel de la Monnaie un appartement de prestige qu'il conservera malgré la tourmente révolutionnaire et occupera jusqu'à sa mort le 24 août 1801.

Si la Révolution de 1789 va peu modifier l'édifice, à l'exception de la chapelle, désaffectée plus tard et cloisonnée en bureaux sur trois étages, la révolution industrielle aura des conséquences importantes, chaque innovation technique entraînant des modifications des locaux. Dès 1808, l'arrivée de l'énergie vapeur va marquer un tournant. Celle-ci sera d'abord utilisée pour les découpoirs qui produisaient les flans par poinçonnage. Au cours des années 1840, les presses monétaires commencent à remplacer les balanciers. Il y en a huit en 1850. Il faut alors dégager toujours plus d'espace pour ces nouvelles presses de plus en plus imposantes, pour la machine à vapeur elle-même et ses réserves de combustible. D'autre part, la fabrication des médailles, jusque-là frappées à l'atelier de la Monnaie des Médailles au Louvre, s'installe dans des dépendances attenantes à l'hôtel des Monnaies, rue Guénégaud, en tout début d'année 1807, tandis que la fermeture progressive des ateliers monétaires de province accroît régulièrement la charge de travail. Les cours, couvertes de

Pierre-Antoine Demachy, *Vue du Louvre et de la Monnaie de Paris*, vers 1783, huile sur toile.

verrières, sont transformées en ateliers, planchers intermédiaires et surélévations se multiplient. Au milieu du XXe siècle, même si l'énergie vapeur est désormais remplacée par l'énergie électrique bien moins gourmande d'espace, la belle ordonnance rationnelle voulue par Antoine n'est plus qu'un lointain souvenir, l'activité industrielle étouffe dans les murs du XVIIIe siècle. En 1958 est décidé le grand déménagement de la Monnaie de Paris : l'essentiel de la production de monnaies courantes sera effectué en province après la frappe du nouveau franc, Paris conservant l'atelier de gravure, la frappe des monnaies de collection, des médailles et des décorations, ainsi que les activités dites « artistiques » comme les bronzes d'art. Dans les faits, il faudra quinze ans pour que le transfert d'activité soit effectif : la nouvelle usine de Pessac, près de Bordeaux, mise en chantier en 1972, est inaugurée en septembre 1973.

Du coup, les bâtiments de la Monnaie de Paris voient disparaître l'intense activité industrielle qui les animait. L'espace devient surabondant, la question de la cession totale ou partielle des locaux à d'autres institutions est alors récurrente. Au fil des années, l'alternative devient simple : disparaître ou renaître. C'est l'audace qui va l'emporter.

La transformation de la Monnaie de Paris

Le 1er janvier 2007, la Monnaie de Paris est transformée en Établissement public industriel et commercial (EPIC). Ce nouveau statut la dote d'une autonomie juridique et financière qui l'autorise à agir en véritable entreprise. Un plan de redéploiement et d'investissements sur fonds propres est alors mis en œuvre. Le projet MétaLmorphoses est un chantier de restauration et de réaménagement permettant l'ouverture la plus large possible des lieux au public, avec la création d'un nouveau musée et d'un nouvel espace de vente totalement repensé. L'opération prévoit également la modernisation des ateliers, qui resteront fonctionnels, et la restauration des bâtiments au plus proche de leur état initial.

Entre le concours d'architecte, lancé en 2009 et remporté par l'agence d'architecture

Frise des blasons des villes de France ayant possédé un atelier monétaire et leurs lettres d'identification, antichambre du salon Dupré.

AAPP Philippe Prost, et l'ouverture du musée et de sa boutique en 2017, huit ans se sont écoulés - bien plus que pour la construction de l'édifice. Mais le chantier s'est révélé infiniment plus délicat : ce retour aux origines, impliquant la suppression des multiples verrues léguées par les XIXe et XXe siècles, fut semé d'embûches et d'aléas. Heureusement, les bonnes surprises n'ont pas manqué. Ainsi, la dalle de béton du Petit Monnayage cachait le puits qui alimentait initialement les ateliers en eau, le dégagement des volumes de l'ancienne chapelle a permis d'en retrouver les fresques murales et la coupole à oculus. Et, miracle, la démolition d'ateliers désaffectés en vue de recréer une cour intérieure a révélé la survivance, dans sa quasi-intégrité, du petit hôtel de Conti, que l'on croyait définitivement défiguré par les extensions successives de l'usine. Ce bijou d'architecture du XVIIe siècle signé Jules Hardouin-Mansart avait été préservé par Jacques-Denis Antoine afin de servir de résidence au contrôleur des Finances, Charles François de L'Averdy. Confisqué à la Révolution, l'édifice avait été absorbé par l'expansion des ateliers au point de devenir indiscernable - il abrita l'imprimerie des premiers timbres-poste. Malgré les outrages du temps, sa façade sur jardin, perdue de vue depuis deux siècles, a ressurgi dans son bel équilibre classique.

Les grands hommes de la Monnaie de Paris

Lieu de pouvoir politique et de manifestations de prestige, la Monnaie de Paris a dès l'origine été le rendez-vous des grands de ce monde et des grands esprits. Le jour même de l'inauguration, le marquis de Condorcet, nommé inspecteur général des Monnaies par Turgot l'année précédente, emménage

dans les lieux. Condorcet, brillant mathématicien, l'un des fondateurs de la statistique et de l'économie politique, chargé de réformer le système des poids et mesures - ses travaux annoncent le système métrique -, membre de l'Académie des sciences et de l'Académie française, est un proche des philosophes des Lumières, d'Alembert et Voltaire en particulier. La Monnaie de Paris abrite alors le salon philosophique le plus audacieux de Paris, où Condorcet et sa jeune épouse, Sophie de Grouchy, reçoivent Mirabeau, Beaumarchais, Olympe de Gouges, Mme de Staël, l'économiste écossais Adam Smith, le futur président des États-Unis Thomas Jefferson, Benjamin Franklin, alors ambassadeur à Paris... Cette période d'émulation intellectuelle s'achève en 1790, avec la Révolution et la suppression de la charge de Condorcet. La Monnaie de Paris ne rentre pas dans l'ombre pour autant : la période révolutionnaire sera très riche du

Buste de Marie Jean Antoine Nicolas de Caritat, marquis de Condorcet (1743-1794), inspecteur général des Monnaies, par Vallette, 1906.

point de vue scientifique et technique, qu'il s'agisse de la modernisation des procédés de frappe, des recherches sur les métaux et alliages, du renouvellement de l'art monétaire et de la médaille.

Ces innovations technologiques expliquent l'importance dans l'histoire de l'institution du grand chimiste Joseph Gay-Lussac (1778-1850). Spécialiste de la docimasie (détermination de la nature et des proportions des minéraux contenus dans un alliage), il met au point un test permettant de mesurer avec précision le titre (la teneur) en argent - une donnée essentielle pour déterminer la qualité d'une monnaie ou d'un lingot. C'est ainsi qu'il reçoit la charge de directeur du Bureau de garantie de la Monnaie de Paris, fonction qu'il exerce de 1829 à 1848.

Dans l'histoire de la Monnaie de Paris, les graveurs ont toujours joué un rôle considérable, tout particulièrement le graveur général, chargé de créer le dessin original des monnaies et médailles, et de la gravure des poinçons servant à réaliser les coins de frappe. Des trente et un graveurs généraux qui se sont à ce jour succédé à la Monnaie de Paris, citons Nicolas-Pierre Tiolier (de 1816 à 1842), à qui l'on doit toutes les monnaies de la Restauration et les sceaux de Louis XVIII, Charles X et Louis-Philippe, et son successeur Jacques-Jean Barre (de 1843 à 1855), auteur du premier timbre-poste français en 1849. Plus près de nous, la nomination de Joaquin Jimenez au titre de graveur général en juillet 2020 a renoué avec une tradition interrompue en 2001 avec la suppression de la fonction.

Si l'archéologue et numismate Antoine Mongez, administrateur des Monnaies entre 1796 et 1835, est tombé dans l'oubli, son épouse, Angélique Levol, l'une des rares femmes peintre d'histoire du début du XIXe siècle, a laissé un souvenir plus vif : elle avait installé son atelier dans un espace aujourd'hui disparu, au-dessus de la voûte de l'atelier du Grand Monnayage.

Rendons hommage, aussi, à Zéphirin Camélinat (1840-1932). Lors de la Commune, ce modeste ouvrier bronzier, brièvement nommé directeur de la Monnaie de Paris (3 avril-24 mai 1871) a très probablement sauvé l'édifice des incendies volontaires qui anéantirent alors les grands symboles du pouvoir, palais des Tuileries, Conseil d'État, Cour des comptes, Palais de Justice, Hôtel de Ville...

Lors de visites officielles, les dirigeants étrangers ont souvent été reçus à la Monnaie de Paris, et la liste des personnalités invitées reflète les fluctuations de l'Histoire. Les lieux ont ainsi accueilli successivement le tsar Pierre le Grand en 1717, le tsar Alexandre Ier le 25 mai 1814, le tsar Nicolas II

Médaille d'hommage à Benjamin Franklin, gravée par Augustin Dupré, 1784. Le revers évoque l'invention du paratonnerre.

le 7 octobre 1896 et Nikita Khrouchtchev le 25 mars 1960. Dans un contexte de réchauffement des relations entre les deux pays, ce dernier inaugure en compagnie d'André Malraux, ministre de la Culture, une exposition d'archives historiques franco-soviétiques présentées dans les salons de la Monnaie de Paris.

Au fil du temps, bien d'autres grandes figures ont honoré les lieux de leur visite : le bey de Tunis, le ras Tafari Haïlé Sélassié, le roi de Thaïlande, Mme Roosevelt, Mme Eisenhower ou encore le président argentin Carlos Menem.

Technologies de pointe pour métiers millénaires

Depuis des millénaires, le principe de la frappe des monnaies est immuable : deux matrices, les coins, portant un motif en creux et à l'envers, une rondelle de métal, le flan. En frappant fortement les coins en acier trempé, le flan, moins dur, va épouser tous les creux : une pièce est née, en relief et motif à l'endroit. Longtemps, la frappe s'est effectuée au marteau. Au milieu du XVIe siècle apparaît le balancier, qui permet une frappe plus régulière. À partir de 1840, la presse autorise des cadences industrielles. De nos jours, les presses monétaires de Pessac frappent jusqu'à 800 pièces par minute.

De cette longue histoire, la Monnaie de Paris a conservé un savoir-faire exceptionnel, où la précision du geste manuel se conjugue à l'usage de technologies de pointe comme l'électroérosion pour l'usinage de certaines matrices, les fraiseuses numériques, l'utilisation du laser… Les ateliers parisiens réorganisés sont aujourd'hui dédiés à la création et à la frappe des monnaies de collection en métaux précieux, or et argent, et des médailles et décorations. Autre production

Visite du tsar Alexandre Ier à la Monnaie de Paris, le 25 mai 1814, peinte par Édouard Pingret en 1844.

spécifique à Paris, les bronzes d'art, réalisés sur place selon l'antique technique de fonte en cire perdue.

Une visite immersive unique

Quoi de plus spectaculaire qu'une coulée de bronze, dans le flamboiement du métal en fusion ? Mais l'opération, pour des raisons de sécurité, ne peut s'effectuer en présence du public. Sauf au musée de la Monnaie de Paris : ce musée du savoir-faire, marié à la dernière usine de Paris intra-muros, offre une vue unique sur les coulisses d'une entreprise vivante. Avec cette nouvelle approche muséographique, les visiteurs peuvent en particulier assister, à travers de vastes baies vitrées, aux opérations successives de réalisation des bronzes d'art, de la coulée à la patine finale. Ce principe d'alternance entre les salles d'exposition, où sont proposées de multiples expériences sensorielles, et les points de vue sur les ateliers en pleine activité, permet une visite immersive unique : dans quel autre musée peut-on voir fabriquer en direct certains des objets en vente à la boutique ? Le parcours permet de découvrir une quinzaine de métiers d'art, au-delà de l'histoire technique et des collections historiques.

Totalement dédié aux arts du métal, le musée est l'héritier, pour partie de ses collections permanentes, des deux musées qui se sont succédé à la Monnaie de Paris. Le premier, inauguré par Louis-Philippe le 8 novembre 1833, occupait la salle Guillaume Dupré. Il exposait dans un alignement rigoureux de vitrines quelques chefs-d'œuvre monétaires et médaillistiques admirés par de très rares visiteurs, car il était réservé aux personnalités de passage à Paris. Le deuxième musée, ouvert en 1988 dans les espaces du Petit et du Grand Monnayage, s'attachait à retracer l'histoire monétaire de l'Antiquité à nos jours. Il fermera pour travaux en 2010, dans le cadre du projet MétaLmorphose.

Le 30 septembre 2017 est marqué par la réouverture du musée sous une forme entièrement renouvelée et dans de nouveaux espaces, le Grand Monnayage ayant retrouvé en 2017 sa vocation initiale d'atelier de frappe des monnaies, avec le retour de presses dédiées à la réalisation des pièces d'or et d'argent.

De même que les ateliers se découvrent aux yeux des visiteurs, les collections patrimoniales et les trésors de la Monnaie de Paris sont de nouveau exposés et mis en valeur - et il faut prendre le mot « trésor » en son sens le plus magique, celui des lingots et pièces de 8 réaux remontés de l'épave d'un navire de la Compagnie des Indes, le *Slot ter Hooge*, ou les pièces d'or de Louis XV découvertes dans un immeuble en démolition de la rue Mouffetard.

La Monnaie de Paris était hier fermée comme un coffre-fort, elle s'ouvre aujourd'hui sur la ville avec de nouvelles entrées piétonnes, des cours et des passages accessibles au public. Cette approche radicalement différente est née d'une idée simple, presque évidente : la monnaie est l'objet d'échange par excellence, la Monnaie de Paris se doit de devenir un lieu d'échange de toutes les excellences, culturelle, artistique, architecturale, industrielle... À ce titre, la Monnaie de Paris repensée s'est vu décerner plusieurs distinctions, en particulier le label « Musée de France » depuis 2002, et le label Entreprise du Patrimoine Vivant, qui récompense son excellence manufacturière, sa haute technicité, sa créativité et son attachement à des savoir-faire traditionnels devenus rares.

Perspective du vestibule, de la cour d'honneur et du porche d'entrée du Grand Monnayage.

Le vestibule a longtemps constitué l'unique entrée de ce coffre-fort qu'était la Monnaie de Paris. Toute personne pénétrant dans l'édifice était contrôlée par les gardes suisses, chargés de la protection des principaux lieux du pouvoir royal. Inaugurant le style néoclassique, l'alternance de berceaux à caissons et de voûtes plates fit l'admiration des contemporains, qui louèrent Antoine pour avoir « ranimé le génie de l'art ».

Au cœur du Grand Monnayage trône la statue de la Fortune, sculptée en 1775 par Louis Philippe Mouchy d'après un modèle d'Antoine. Avec ses attributs traditionnels, la roue et la corne d'abondance, elle symbolise la prospérité du royaume et veille sur la bonne frappe des monnaies, de manière à la fois métaphorique et bien réelle : le socle dissimule une trappe secrète d'où le maître d'atelier, caché derrière une grille, surveillait les artisans.

« L'un des plus beaux monuments, Monsieur, que nous offre la Capitale, dans l'Hôtel des Monnaies, est sans doute seul fait pour vous assurer dans la postérité un rang distingué. »

Lettre de l'abbé de Lubersac à Jacques-Denis Antoine, 29 avril 1783

4

3. La colonnade du vestibule semble inspirée par les temples de la Grande Grèce qui fascinaient Jacques-Denis Antoine, féru d'architecture antique.

4. La statue monumentale de la Fortune, réalisée en stuc sur un socle de marbre, a récemment fait l'objet d'une restauration intégrale.

3

1

Dès son achèvement, l'hôtel de la Monnaie a valu à son architecte les plus grands éloges pour « la noblesse du parti d'ensemble, l'extrême qualité de l'exécution, l'érudition et l'élégance du style ».

Le palais Conti, un trésor architectural

Côté ville, un palais, côté cours, des ateliers : Jacques-Denis Antoine a réussi la quadrature du cercle en harmonisant des contraintes architecturales et fonctionnelles *a priori* inconciliables. Derrière la façade néoclassique du quai de Conti, sobre et élégante, l'édifice se développe selon un plan moderne et rationnel. Le portail d'honneur monumental ouvre sur un péristyle aux voûtes supportées par vingt-quatre colonnes doriques, d'où s'élance l'escalier d'honneur, le « plus bel escalier de Paris », menant aux étages nobles et aux salons de réception. Au cœur de l'ensemble, la cour d'honneur est fermée par une coursive en hémicycle qui commande les accès aux principaux ateliers : fonderies, Grand Monnayage... De part et d'autre, les cours symétriques de la Méridienne et des Remises desservent les espaces de service, bureaux, réserves, écuries. Véritable ville dans la ville, la Monnaie de Paris possède une chapelle et des appartements pour la direction comme pour les ouvriers, logés sur place à l'origine.

1. Le portail principal s'inscrit dans un avant-corps au fronton portant les allégories de l'Expérience et de la Vigilance encadrant le Temps, matérialisé par l'horloge.

2. Le Grand Escalier, digne d'un palais royal, se développe sur une hauteur égale à celle d'un immeuble de six étages.

MUSÉE MONÉTAIRE
SALLE GUILLAUME DUPRÉ

5

Solennel et fastueux, le Grand Salon, avec ses 16 m de long, 13 m de large et 12 m de haut, occupe l'essentiel de l'avant-corps central du palais. Conçu pour les réceptions et les bals, il est dès 1785 transformé en amphithéâtre de 200 places par Antoine lui-même pour accueillir les leçons publiques du chimiste et minéralogiste Balthazar Georges Sage, fondateur de l'École des mines. Réaménagé pour y loger le premier musée monétaire inauguré par Louis-Philippe en 1833, le Grand Salon prend alors le nom du sculpteur et médailleur d'Henri IV et de Louis XIII, Guillaume Dupré (1576-1643).

6

5. Le plafond du salon Dupré accueille depuis 1893 une toile monumentale de Jean-Joseph Weerts, *Le Triomphe de l'Exposition universelle de 1889*. Représentant les Arts guidés par le Génie de la France, sur lesquels les allégories de la Paix et du Commerce déversent la pluie d'or de la Fortune, elle remplace le ciel nuageux d'origine.

6. Buste de Jacques-Denis Antoine par Nicolas-Pierre Tiolier, 1824.

7. Avec sa cheminée épurée, ses colonnes en stuc, peintes en faux marbre de Sienne et son pavement en damier de marbres turquin et de carrare, le salon Guillaume Dupré est l'expression du style néoclassique.

8

9

10

11

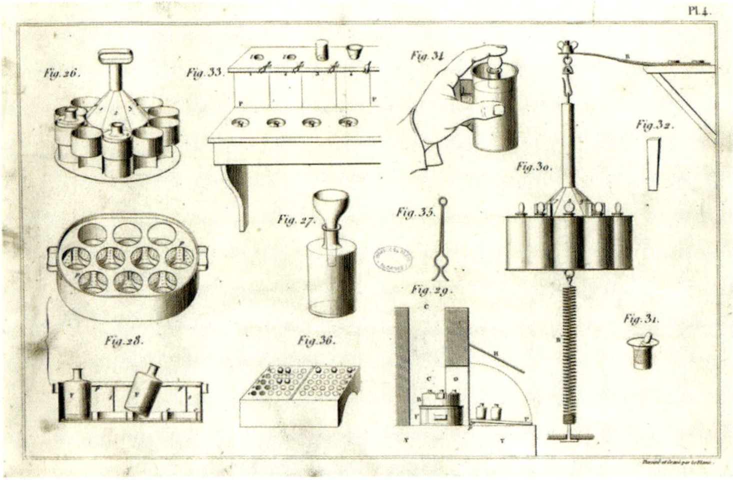

12

13

4. Bauxite (minerai d'aluminium).

5. Cassitérite (minerai d'étain).

6. Or natif sur quartz.

7. Coupe verticale d'une mine au XVIIIe siècle. Les paniers de minerai sont remontés par un manège à chevaux.

8. Franc à cheval de Jean II le Bon (1319-1364) en or.

9. Liard de France en cuivre.

10. 1 franc germinal, créé en 1803 (An XI) en argent.

11. 1 euro bimétallique : centre en cupronickel, anneau en laiton de nickel.

12. Planche d'instruments permettant d'établir le titre des matières d'argent selon la méthode par voie humide de Gay-Lussac.

13. Panier à godets en platine pour la coupellation de l'or, première moitié du XXe siècle.

Les métaux natifs, ceux que l'on trouve purs dans la nature, principalement l'or, l'argent, le cuivre et l'étain, ont joué un rôle essentiel dans le développement des civilisations. Ils sont utilisés depuis l'Antiquité pour la fabrication des monnaies, souvent sous forme d'alliages simples : bronze (cuivre-étain), billon (cuivre-argent), laiton (cuivre-zinc).

4

5

6

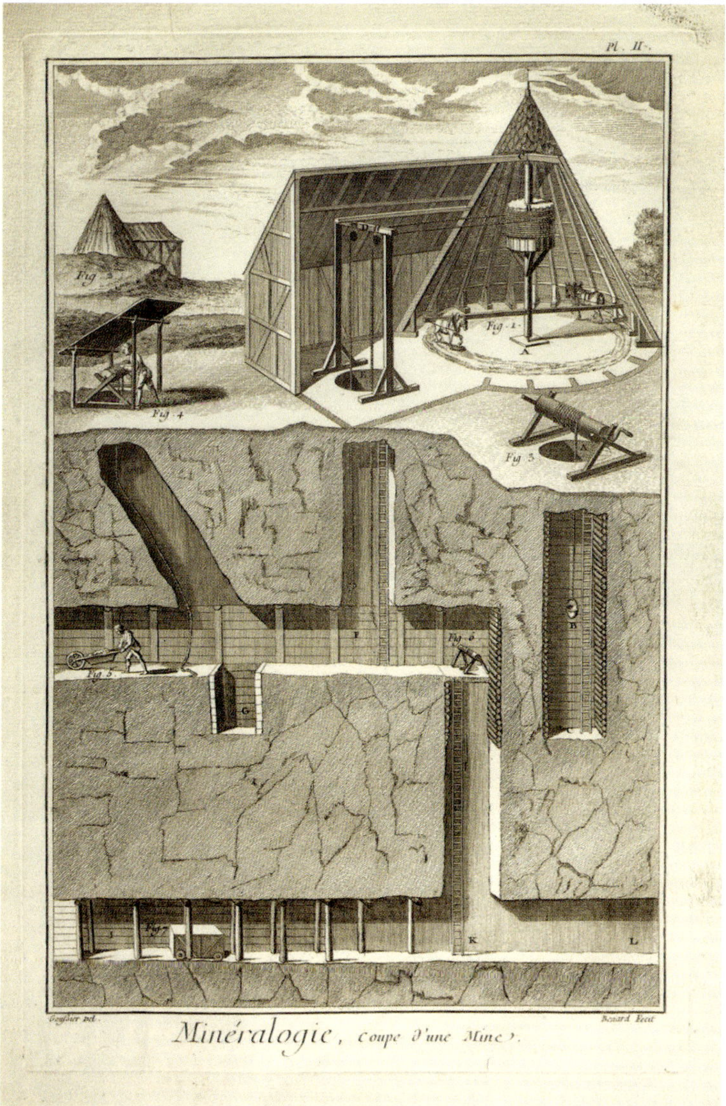

7

Avec les progrès de la chimie minérale, de nouveaux métaux utilisables industriellement sont isolés au cours du XIXe siècle, en particulier l'aluminium et le nickel. Des alliages inédits, souvent complexes, vont alors être utilisés pour frapper les monnaies : le maillechort (cuivre-zinc-nickel-plomb-étain) et le cupronickel (cuivre-nickel), très résistants et à l'éclat argenté ; le cuproaluminium ou « bronze d'aluminium » (cuivre-aluminium), presque aussi dur que l'acier ; l'alliage nordique ou « nordic gold », d'aspect doré (cuivre-zinc-aluminium-étain).

Depuis la fin du XXe siècle, le plaquage multicouche et le bimétallisme se sont imposés. Le bimétallisme consiste à fabriquer une pièce en deux éléments réalisés dans des métaux différents. Les trois technologies - alliage, multicouche et bimétallisme - sont parfois associées. Ainsi, la pièce de 1 euro comporte un centre en sandwich de trois couches cupronickel/nickel/cupronickel et un anneau en alliage cuivre/zinc/nickel. Cette fabrication complexe confère à la pièce une empreinte électromagnétique typique afin de décourager la fraude.

14

14. Kilogramme étalon en platine iridié (alliage à 90 % de platine et 10 % d'iridium), 1879, attribué à la France par la Convention internationale du mètre.

15. Entrée de l'établissement monétaire de Pessac.

16. Le laboratoire d'analyse des métaux de la Monnaie, sur le site de Pessac.

17. À l'atelier de Pessac, bobine d'inox après découpe des flancs.

15

La science des métaux est l'une des méthodes de base de détection de la fausse monnaie métallique, les contrefacteurs utilisant des alliages bon marché détectés par l'analyse. Le site de Pessac accueille aujourd'hui le laboratoire du Centre national d'analyse des pièces (CNAP) et le Centre technique et scientifique européen (CTSE), chargés en particulier de détecter les faux euros, d'expertiser et classifier les différents types de contrefaçons, de former policiers et gendarmes et de diffuser l'information auprès des opérateurs européens.

16

La pratique de la gravure exige autant d'outils que de gestes à effectuer. La plupart de ces outils sont fabriqués par les graveurs eux-mêmes. Qu'il s'agisse des spatules et des rifloirs utilisés pour le modelage et la retouche des plâtres ou des burins, ils sont le plus souvent façonnés dans une simple barre d'acier. Traditionnellement, ces outils uniques, parfaitement adaptés à leurs usages, se transmettent de génération en génération.

5

Dans l'histoire, le graveur en monnaie et médaille a longtemps été considéré comme un exécutant. Il lui faudra attendre la création du Prix de Rome sous Napoléon Ier pour accéder au statut d'artiste. Pourtant, dès l'origine, il s'est montré inventeur de styles et de formes, et concepteur d'idées.

Artisans d'art, les graveurs de la Monnaie de Paris sont les interlocuteurs privilégiés des artistes qui collaborent avec l'établissement. Depuis le graveur général, responsable de la direction artistique, jusqu'aux techniciens chargés de la réalisation des outils de frappe, chacun met tout en œuvre pour concrétiser et mettre en valeur le projet de l'artiste, dans un esprit de dialogue et de perfectionnisme.

« Une belle gravure est plus qu'une copie, c'est une interprétation. »

Théophile Gautier, *Souvenirs de théâtre, d'art et de critique*, 1904.

6

4. Retouche au rifloir d'un modèle en plâtre de Marie Curie et Claudius Regaud.

5. Dessin de Fabienne Courtiade pour le concours de la face française de la pièce de 1 centime d'euro (diamètre de la pièce réelle : 16,25 mm).

6. Modelage préparatoire à la gravure : création à la pâte à modeler d'un bas-relief à partir d'un dessin.

7. Croquis de Joaquin Jimenez : son différent et sa signification symbolique.

8. Dessin d'exécution et matrice en laiton destinée à la réalisation du poinçon portant le différent.

9

10

11

9. Retouche du modèle en plâtre du « kilo or », pièce de 5 000 euros créée en 2014 en collaboration avec la manufacture de cristal Baccarat.

10. Retouche du modèle en plâtre du « kilo or », pièce de 5 000 euros créée en 2016 en collaboration avec la maison de haute joaillerie Van Cleef & Arpels.

11. Retouche d'un plâtre. Le moulage bleu, posé sur l'établi à gauche, est une résine de contrôle servant de référence au graveur.

1

Dépositaires de savoir-faire ancestraux, les graveurs de la Monnaie de Paris perpétuent en virtuoses les gestes et les techniques de ce métier d'art. Chaque projet est un nouveau défi, qu'il s'agisse d'une monnaie courante ou de collection, française ou étrangère, d'une médaille, ou encore, parmi les productions moins connues, des jetons touristiques ou de casino, de la réalisation des poinçons de garantie pour la bijouterie et des timbres à sec de l'administration.

Du dessin à la gravure

Monnaie, médaille, jeton ou décoration, tout commence par un dessin. Dans un premier temps, celui-ci est validé par le graveur général, en d'autres termes le directeur de la Création artistique de l'institution. Ensuite, ce dessin en deux dimensions est transposé en trois dimensions par le graveur, qui se fait dans un premier temps modeleur. Sous ses doigts, le motif se transforme en un bas-relief réalisé en pâte à modeler industrielle, avant de devenir un modèle en plâtre, patiemment retouché jusqu'à l'obtention d'un rendu optimal. Lors de cette étape essentielle, le graveur doit avoir à l'esprit la destination de son travail : si une médaille présente un relief important – autour de 3 mm –, celui d'une monnaie ne dépasse pas 15/100 mm. C'est l'accroche de la lumière qui va alors donner la sensation de relief. Aujourd'hui, dans l'atelier de gravure, les ordinateurs et les logiciels de PAO cohabitent avec les établis et les outils séculaires, mais seuls l'œil, la main et l'expérience du graveur garantissent la perfection du rendu final.

2

De la transposition en bas-relief d'un dessin jusqu'au modelage final qui donnera naissance à l'outillage définitif, le travail de gravure passe par une alternance d'empreintes et de contre-empreintes (moulages en creux et en relief), retouchées jusqu'à atteindre la plus grande précision. Le graveur reprend chaque détail sur des plâtres à grain très fin, réalisés à une échelle au moins trois fois supérieure à la taille réelle de la future monnaie ou médaille. Cet agrandissement lui permet de travailler plus confortablement à l'œil nu.

3

1. Plâtres en cours de retouche : négatif et positif de l'avers de la pièce de 2 euros commémorative de l'appel du 18 Juin.

2. Retouches de gravures à l'atelier de la Monnaie de Paris : à gauche, retouche d'un plâtre ; au centre, retouche sous binoculaire d'une matrice en acier.

3. Visualisation en 3D du revers de la monnaie de 1 kilo or Excellence Boucheron pour vérification de la conception avant la réalisation de l'outil de frappe.

9

10

11

9. Retouche du modèle en plâtre du « kilo or », pièce de 5 000 euros créée en 2014 en collaboration avec la manufacture de cristal Baccarat.

10. Retouche du modèle en plâtre du « kilo or », pièce de 5 000 euros créée en 2016 en collaboration avec la maison de haute joaillerie Van Cleef & Arpels.

11. Retouche d'un plâtre. Le moulage bleu, posé sur l'établi à gauche, est une résine de contrôle servant de référence au graveur.

7

Depuis Augustin Dupré, en fonction de 1791 à 1803, chaque graveur général crée son différent, c'est-à-dire sa signature imagée. De très petite taille - moins de 1 mm² - le différent est présent sur les monnaies. Au XIXᵉ siècle, c'est le différent de la Monnaie de Paris qui est apposé sur les médailles. De nos jours, le différent du graveur général apparaît sur les monnaies et les médailles gravées sous sa responsabilité. Nommé graveur général en juillet 2020, Joaquin Jimenez a opté pour un différent chargé de sens, riche de plusieurs niveaux de lecture : un carré dans un carré, contenant un petit cercle et une corne triangulaire surmontant un œil. Évocation des deux « J » initiales du graveur, le carré dans le carré symbolise aussi le travail, qui tente, sans jamais y parvenir, d'atteindre le cercle, signe céleste de la perfection. L'œil et la corne stylisée sont ceux d'un rhinocéros, que Salvador Dalí considérait comme « le coffre-fort de la connaissance au niveau animal ». Joaquin Jimenez y voit une analogie avec l'atelier de gravure, conservatoire de techniques rares qui sont, si l'on n'y prend pas garde, menacées de disparition comme le rhinocéros.

5

3. Matrice de décoration (palmes académiques) et assortiment d'outils de graveur : boîte à alphabet, poinçons isolés décoratifs, cachet.

4. Porte-outils et assortiment de fraises, à monter sur la tête d'une fraiseuse à commande numérique.

5. Méthode traditionnelle de la taille directe à échelle 1 de l'outil de frappe. Le graveur travaille le bloc d'acier au burin et au marteau.

6. Réalisation d'un gabarit en laiton par une fraiseuse à commande numérique.

La taille directe consiste à prendre un bloc d'acier vierge, sur lequel est reporté le dessin à taille réelle de la future monnaie ou médaille. Ce motif est gravé à l'envers et en creux, aux burins et aux ciselets. Les inscriptions sont insculpées, c'est-à-dire frappées, dans le métal, lettre par lettre, grâce à des poinçons alphabet. Le graveur réalise ainsi l'outil de frappe définitif dans ses moindres détails, mais les possibilités de retouche sont très limitées.

6

3

À la Monnaie de Paris, les différentes techniques de gravure ne s'opposent pas, mais se complètent selon le projet à réaliser. Même gravés à l'aide de machines, les coins et les matrices font l'objet d'une intervention manuelle à chaque étape. De l'affûtage d'un burin ou d'un outil d'usinage à la programmation d'une fraiseuse numérique, les équipes de l'atelier sont polyvalentes, tout aussi expertes des méthodes traditionnelles, comme la taille directe, que compétentes en matière de technologies mécaniques anciennes, tel le tour à réduire, et contemporaines.

4

La fraiseuse numérique grave un bloc de métal par l'intermédiaire d'une fraise travaillant à grande vitesse et en trois dimensions (longueur-largeur-hauteur), dont les mouvements sont commandés avec une grande précision par un programme numérique. Ce programme, issu du scan en 3D du modèle à reproduire, contient l'intégralité des ordres nécessaires à la réalisation de la gravure. La machine effectue automatiquement toutes les opérations, y compris les changements d'outils, ce qui lui permet de travailler sans interruption jusqu'à l'achèvement de la tâche.

2

Les outils de frappe sont dénommés « coins », s'il s'agit des monnaies, et « matrices », s'il s'agit des médailles. Deux termes pour distinguer deux techniques de frappe différentes.

De la gravure à l'outil de frappe

Une fois le modèle validé, l'étape suivante consiste à réaliser les outils de frappe, usinés dans des aciers à haute résistance. La technique la plus ancienne, la taille directe, est aussi la plus délicate. Impliquant une parfaite maîtrise du geste, elle consiste à creuser le dessin dans un bloc de métal, à l'aide d'outils à main, burins, onglettes ou échoppes, que chaque graveur fabrique à son usage. Première mécanisation, le tour à réduire, introduit au tout début du XXe siècle, utilise le principe du pantographe. Il réalise l'outil à sa taille définitive par fraisage dans l'acier à partir d'un modèle en plâtre ou résine de grande taille. La gravure est ensuite retouchée à la main afin d'atteindre un rendu optimal. Depuis la fin du XXe siècle, d'autres technologies d'usinage sont venues compléter les méthodes traditionnelles, comme les fraiseuses à commande numérique, l'électroérosion, adaptée au travail des aciers les plus durs, et le laser, qui permet une très haute précision de gravure des lettrages et des plus petits détails.

1. Outillage de frappe de médailles. La matrice de gauche est accompagnée de la médaille frappée, représentant le jeune Louis XIV dansant.

2. Gabarit en laiton à l'échelle 3 de la pièce de 10 euros à l'effigie du personnage de Cosette et palpeur du tour à réduire.

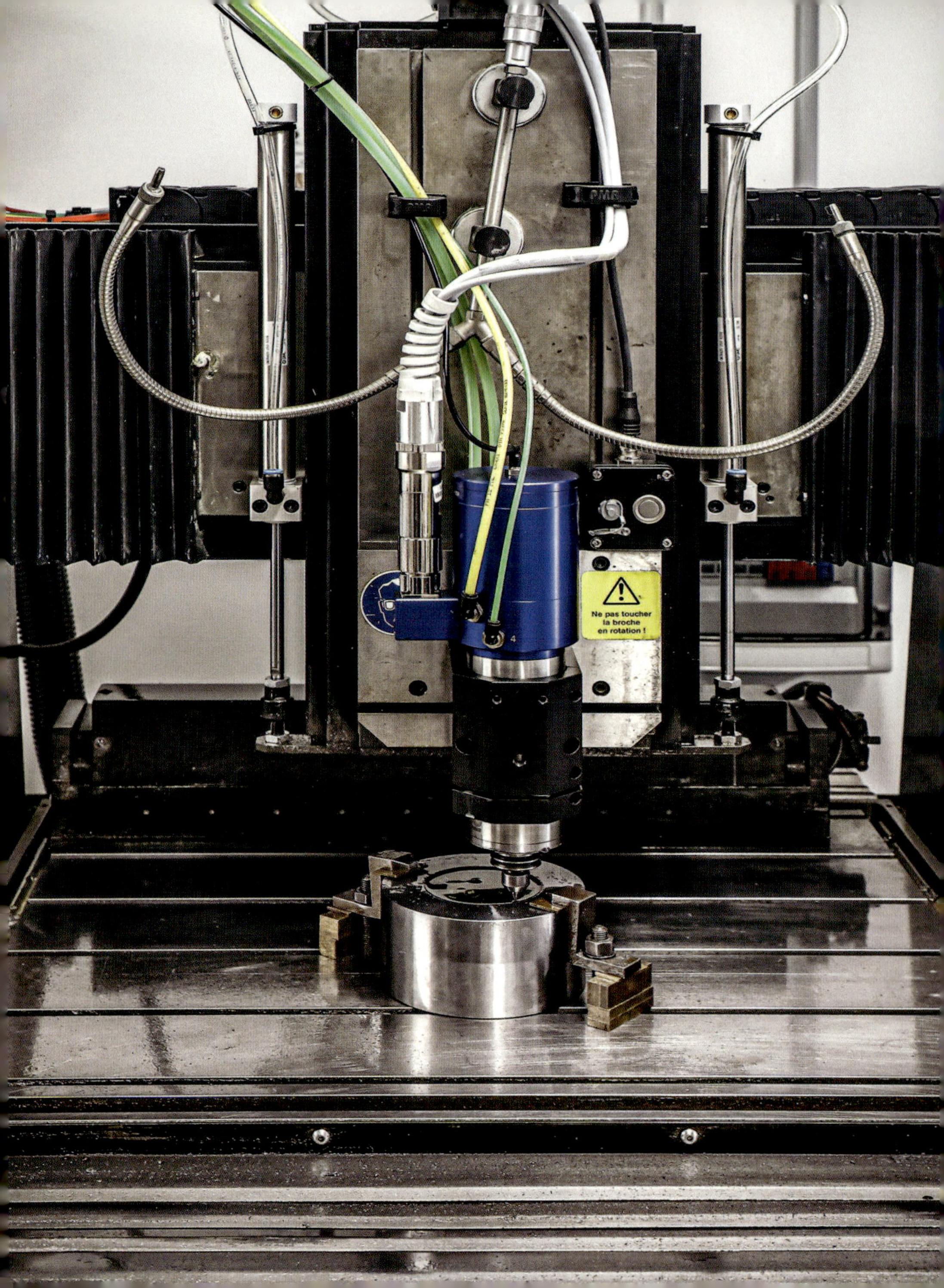
Ne pas toucher
la broche
en rotation !

*« Il n'y a qu'une matrice, appellée la primitive,
de chaque espece pour toutes les monnoies du royaume ;
c'est le graveur général qui la conserve, & c'est de cette matrice
qu'émanent les quarrés que l'on envoie & dont on se sert
dans toutes les monnoies du royaume. »*

L'*Encyclopédie*, vol. X, p. 206a, 1765

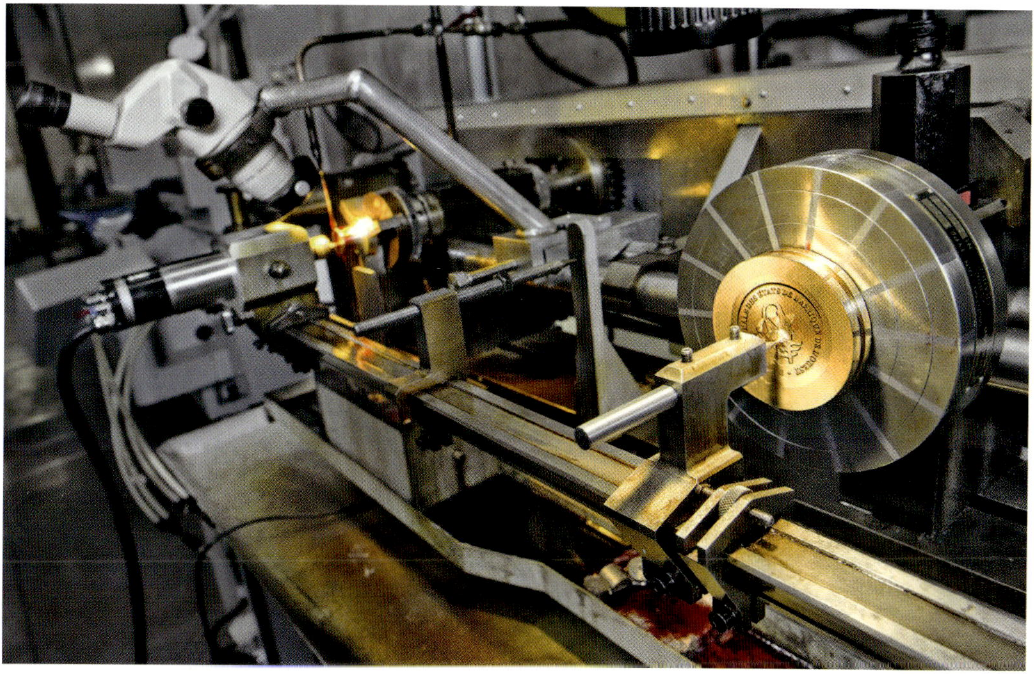

7

L'invention du tour à réduire remonte aux alentours de 1719 avec le « tour à portrait ou à copier ou à réduire les médailles » du Russe Andrea Nartov, qui travaillait à la Monnaie de Moscou. D'autres prototypes suivirent, tous présentant l'inconvénient de n'exécuter que des gravures très imparfaites, comprenant très peu de relief et exigeant d'importantes retouches manuelles. Au final, les temps d'usinage étaient tels que la taille directe restait préférable. Ce n'est qu'en 1899, après des perfectionnements décisifs, comme l'usage de la fraise comme outil de gravure, que la Monnaie de Paris va commencer à utiliser un tour à réduire pour fabriquer les poinçons des nouvelles pièces d'or. Les tours à réduire de la Monnaie de Paris adoptent au fil du temps de multiples améliorations, souvent imaginées par les mécaniciens de l'établissement. Le tour utilisé aujourd'hui (voir ci-dessus) a bénéficié d'une remise à niveau et d'une remotorisation complète en 2000.

7. Réalisation d'un outil de frappe au tour à réduire. Le gabarit et le toucheau sont visibles à droite, la tête de fraisage est à gauche, la binoculaire permet de surveiller la gravure de l'outil.

8. Fraiseuse numérique en cours de gravure d'un bloc d'acier. La table de travail est fixe, l'ensemble de gravure broche/porte-outil/fraise se déplace dans trois dimensions.

Lors de la frappe, le flan monétaire est enserré dans un anneau d'acier, la virole, qui empêche le métal de s'évaser. Très tôt, l'idée a germé d'orner la tranche des pièces afin de rendre difficile la contrefaçon et le rognage, mais restait à résoudre le problème de l'éjection de la pièce, qui se bloquait dans la virole. En 1824, le monnayeur Moreau imagine une virole dite « brisée », en trois segments, qui s'ouvre pour libérer la pièce frappée. Perfectionnée par le graveur général Nicolas-Pierre Tiolier, la virole brisée est autorisée par ordonnance du 28 mars 1830.

6

7

7

5. Poinçon de face, buste d'Henri IV, gravure sur acier, XVIe siècle.

6. Virole brisée pour frapper la tranche des monnaies, inventée au XIXe siècle par Moreau et Tiolier.

7. Poinçon de face, portrait de Louis XVI par Benjamin Duvivier, pour une médaille de sauvetage offerte par le roi à Claude Lauverjat, citoyen de Brest, 1792.

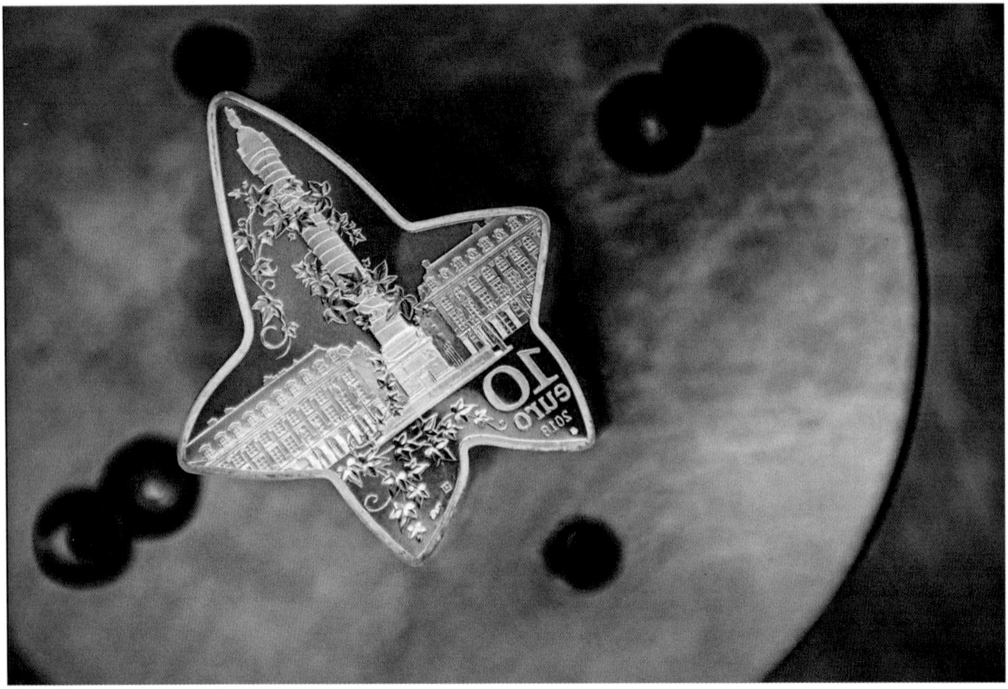

1

Si les pièces sont traditionnellement rondes, la Monnaie de Paris conçoit et réalise aussi des monnaies d'exception aux formes très originales qui multiplient les défis techniques.

L'outillage, un travail d'orfèvre

La réalisation de l'outillage de frappe doit concilier deux exigences contradictoires : transformer un bloc d'acier en un outil capable de résister à des contraintes considérables – jusqu'à plusieurs centaines de tonnes de pression au centimètre carré à des cadences élevées, 800 coups par minute pour les pièces courantes – tout en reproduisant fidèlement sur chaque monnaie les moindres détails de gravure. À ce stade, la phase de polissage est essentielle : le polisseur va minutieusement sélectionner les zones qui vont recevoir des finitions différentes, poli-miroir ou effets d'abrasion, afin de mettre en valeur les reliefs de la future pièce en amplifiant les jeux de lumière. Après l'apposition des poinçons d'authenticité et un traitement de surface destiné à renforcer sa résistance, le coin devient « bon pour le service ». Depuis des siècles, la Monnaie de Paris conserve précieusement les poinçons et coins originaux gravés dans ses ateliers. Une partie de cette collection unique au monde est présentée dans le musée du quai de Conti.

1. Coin de la pièce de monnaie 10 euros Excellence Boucheron, en forme de feuille de lierre, présentant une alternance de zones sablées et de poli-miroir.

2. Poinçon de revers de la médaille marquant la fondation de l'Académie royale des inscriptions et belles-lettres, 1663.

3

4

2

La sensation de relief d'une monnaie résulte de la maîtrise des jeux de lumière entre zones brillantes et zones mates, les reliefs réels se réduisant parfois à 6/100 mm. Ces oppositions d'aspect sont obtenues par sablage, les surfaces conservant leur poli-miroir étant protégées par un simple ruban adhésif.

Le polisseur découpe ce film au cutter (3) selon un plan précis de mise en « couleurs », chaque couleur correspondant à un effet d'abrasion, plus ou moins mat ou velouté. Après sablage à la poudre diamantée, le coin est dépoussiéré puis débarrassé des dernières traces d'adhésif avec un petit chiffon doux imprégné d'alcool (4).

DIAMANTE

« La beauté n'est pas dans la valeur du métal, mais dans le travail de l'orfèvre. »

Proverbe kurde

8

Une fois les opérations de gravure et de polissage/sablage achevées, le coin va faire l'objet de traitements complémentaires avant d'être monté sur la presse monétaire. Dans un premier temps, l'outil subit une trempe pour le rendre plus résistant à la frappe : il est chauffé à haute température (aux alentours de 800 °C) avant d'être plongé dans de l'azote liquide (environ -200 °C), opération qui fige les atomes du métal et lui confère une grande dureté. Après la trempe intervient le polissage final, réalisé à la main avec des pâtes diamantées à grains de plus en plus fins, jusqu'à quelques microns, afin d'obtenir un état de surface parfait. Le coin est alors poinçonné des différents par le graveur. Enfin, il reçoit un traitement de surface, qui protège la gravure en facilitant le glissement des molécules de métal (l'acier du coin et l'alliage du flan) lors de la frappe. Ainsi traité, un coin monétaire peut supporter plus de 100 000 frappes à la cadence de 800 coups par minute sous une pression de 30 tonnes.

8. À Pessac, réserve dite « Magasin des coins » dans laquelle sont conservés les poinçons et les matrices de médailles frappées en édition particulière et pour la collection générale de la Monnaie de Paris.

9. Polissage final avec des bâtonnets enduits de pâte diamantée du coin monétaire pour la pièce de 1 kilo or Boucheron.

D'abord actionnée à la manivelle, puis par la force de la vapeur, la presse à levier détrône le balancier. Rapide et infatigable, elle ne demande qu'un ouvrier au lieu de trois ou cinq, quand ce n'est pas un seul pour deux presses. L'électrification des machines, vers 1900, aboutira à la presse actuelle, plus performante, plus puissante, plus précise, et surtout bien plus silencieuse et plus sûre pour son opérateur.

6

3. *Jean Warin instruisant le jeune Louis XIV sur les monnaies de son Cabinet*, huile marouflée sur panneau de bois, 1654, attribué à François Lemaire, dit Petit Lemaire.

4. Les balanciers en action à l'hôtel des Monnaies de Paris, dessin de Vesly pour une assiette de Sèvres, gravure.

5. Balancier dit d'Austerlitz, 1810, acier et bronze, par Philippe Gengembre.

6. Louis d'or de Louis XIII, par Jean Warin, Paris, 1641, avers et revers.

7. La presse monétaire de Thonnelier dite « presse artistique » initialement destinée à l'Exposition universelle de 1900.

Liégeois installé à Paris, Jean Warin (1604-1672) est nommé conducteur général des Monnaies par Richelieu. Il sensibilise le jeune Louis XIV à l'importance du rôle de la médaille dans la propagande royale. Le tableau qui les représente tous deux date de 1654, année du couronnement du souverain. Jean Warin reste aussi comme le modernisateur de la Monnaie, imposant la frappe au balancier dans l'ensemble des ateliers du royaume.

3

Plus régulière que la frappe au marteau, la frappe au balancier se montrait aussi plus fatigante. Le balancier fonctionne comme une presse à vis, mue par deux bras d'acier terminés par des boules de plomb, et actionnés par quatre hommes. Le flan était pressé entre le coin fixe et le coin mobile porté par la vis. Un cinquième ouvrier, dans une fosse au pied de la machine, plaçait les flans et retirait les pièces frappées. L'usage du balancier était si pénible que les équipes devaient se relayer tous les quarts d'heure.

4

Fabriqué avec le bronze des canons russes saisis à Austerlitz en 1805, ce balancier de 1810 a été mis au point par Philippe Gengembre (1764-1838), inspecteur général des Monnaies. Il présente de nombreuses avancées (virole pleine, chassoir...) permettant d'accélérer et de sécuriser la frappe.

5

1

2

Frapper monnaie d'hier à aujourd'hui

L'expression « frapper monnaie » évoque la technique ancestrale de la frappe au marteau, où le flan (le disque de métal vierge) est pris entre deux coins portant en creux les motifs de la future pièce, qui naît d'un coup de marteau puissant et précis : un monnayeur habile frappait une douzaine de pièces à la minute. La première machine à frapper la monnaie, le balancier, se généralise à Paris en 1640. Le flan est frappé par la pression exercée par une vis manipulée à bras d'hommes, le rendement passe à 30 pièces par minute. Au XIXe siècle, la presse à levier détrône le balancier, la puissance de la vapeur remplace la force des bras : la première presse Thonnelier frappe à la cadence de 50 pièces par minute. La production des flans, elle aussi, a bien changé depuis le temps des disques de métal découpés un par un à la cisaille et ajustés à la lime. À partir du XVIIIe siècle, le découpoir, un puissant emporte-pièce, taille des flancs réguliers dans des plaques de métal d'épaisseur constante, les lames. Vers 1900, les découpoirs mécaniques produisent jusqu'à 300 flans à la minute.

Aussi habile soit le monnayeur, la frappe au marteau restait assez approximative, le défaut de centrage étant le plus fréquent. Le diamètre et l'épaisseur se montraient tout aussi irréguliers.

1. Un atelier de frappe monétaire à la fin du XVe siècle, gravure de Hans Burgkmair.

2. Ensemble de coins monétaires et de monnaies frappées au marteau, de l'Antiquité au XVIe siècle.

LUD·XV·D·G·FR·ET NAV·REX·
1768·SIT NOMEN DOMINI L BENEDICTUM
9

LOUIS XVI ROI DES FRANÇOIS
1792
RÈGNE DE LA LOI
10

LIBERTE·EGALITE
FRATERNITE
1
FRANC
1943
REPUBLIQUE FRANCAISE
MORLON
11

NAPOLEON III EMPEREUR
BARRE
EMPIRE FRANÇAIS
20 FR
1864
12

RÉPUBLIQUE FRANÇAISE
AUX GRANDS HOMMES
LA PATRIE RECONNAISSANTE
1984
13

8

« Je fus frappée de la violence des machines qu'une seule volonté faisait mouvoir : ces marteaux, ces laminoirs semblent des personnes ou plutôt des animaux dévorants. »

Germaine de Staël, *Dix années d'exil*, 1820

Le site de Pessac abrite le parc principal de presses monétaires de la Monnaie de Paris, avec 29 machines dimensionnées pour une production à l'échelle industrielle, jusqu'à 850 pièces frappées par minute et par machine.

Le site parisien conserve plusieurs presses dédiées aux frappes des pièces d'exception et de collection, en particulier les monnaies d'or et d'argent en qualité « Belle épreuve » et « Brillant universel ». Ces monnaies sont produites à l'unité par des opérateurs spécialisés et vérifiées une à une avant d'être conditionnées dans des capsules scellées.

8. Presses monétaires de l'atelier des monnaies de collections, Monnaie de Paris.

9. Demi-écu d'argent de Louis XV, Bayonne, 1768, avers et revers.

10. Écu constitutionnel de Louis XVI, argent, par Augustin Dupré, Paris, 1792, avers et revers.

11. 1 franc, par Pierre-Alexandre Morlon, aluminium, Strasbourg, 1943, avers et revers.

12. 20 francs de Napoléon III, or, Strasbourg, 1864, avers et revers.

13. Piéfort de la 100 francs « Panthéon », or, 1984. À l'origine pièces prototypes dotées d'une très forte épaisseur (2 à 4 fois la normale) pour les distinguer, les piéforts ont été ensuite frappés comme objets de collection jusque dans les années 1990.

8

9

10

15

La plupart des médailles de la Monnaie de Paris sont frappées, à l'origine au balancier, aujourd'hui à la presse. L'existence de la fonderie a également permis de développer, surtout au XIXe siècle, une production de médailles fondues. Celles-ci peuvent être coulées dans un moule en matériau réfractaire et sont généralement unifaces, avec un revers lisse. Parfois les deux faces sont moulées séparément et réunies par soudage. D'autres, réalisées selon la technique de la cire perdue, sont d'une seule pièce tout en présentant un avers et un revers différents.

16

5

6

7

5. Louis XIII, passage du pas de Suse, 1629, revers, Jean Warin, Paris, argent, frappe au balancier, 40 mm.

6. Henri III, alliance avec les Suisses, 1588, avers, Germain Pilon, Paris, bronze, frappe au balancier, 46 mm.

7. Louis-Philippe et la famille royale visitent la Monnaie, 1833, avers, Jacques-Jean Barre, argent, frappe au balancier, 75 mm.

8. Pont-Neuf, 1965, avers, Pierre Turin, bronze, frappe au balancier, 72 mm.

9. Taj Mahal, 1993, avers, Thérèse Dufresne, bronze, frappe au balancier, 81 mm.

10. Le caméléon, 1979, avers, André Bloc, cuivre, frappe au balancier, 76 mm.

11. Sophocle, 1968, revers, Pierre Turin, cuivre argenté patiné, frappe au balancier, 81 mm.

12. Apollon, 1971, avers, Albert Decaris, cuivre doré, frappe au balancier, 72 mm.

13. Cleopatra, 1902, avers, Emmanuel Frémiet, Société des amis de la médaille française, bronze, frappe au balancier, 67 × 84 mm.

14. Rétablissement de la Monnaie des médailles, 1804, poinçon partiel de revers, Bertrand Andrieu, acier, gravure en taille directe, 61 mm.

15. François Ier, Marignan 1515, 2015, avers, atelier de gravure de la Monnaie de Paris, bronze florentin argenté, 110 × 61 mm, éditée à 1 515 exemplaires.

16. Le Goûter, 1908, Geneviève Granger, Société des amis de la médaille française, bronze, frappe au balancier, 51 × 75 mm.

13

14

Avec la Série uniforme voulue par Louis XIV en 1695, les médailles avaient été normalisées au diamètre de 41 mm. Se libérant de ce carcan, les graveurs ont ensuite créé des médailles de tous diamètres et de toutes formes, ovales, polygonales, rectangulaires... Aujourd'hui, la forme ronde est de nouveau privilégiée par les créateurs comme par le public.

1

La plupart des dessins anciens de médaille ne portent pas la signature du graveur mais celle d'un artiste réputé. La division du travail créatif était de règle : l'artiste proposait des croquis, le graveur se chargeait de finaliser les projets retenus. Ce dessin, d'après Bouchardon, qui préfigure la future médaille, est très explicite.

2

La médaille, témoin de l'Histoire

Née en Italie en 1439, la médaille moderne est imaginée par le peintre Pisanello, qui s'inspire des monnaies antiques pour représenter l'empereur byzantin Jean VIII Paléologue. La coutume se répand alors de célébrer par des médailles les puissants du temps. En France, Henri IV décide de créer une « histoire métallique » à travers une série de médailles illustrant les grands faits de son règne. Son assassinat met un terme au projet. Louis XIV reprend l'idée avec l'aide du graveur Jean Warin. Le Roi-Soleil comprend vite le parti qu'il peut tirer des médailles et en fait un art de propagande et de glorification. En 1832, à la suite de la fusion de la Monnaie des Espèces (ou Monnaie de Paris) et de la Monnaie des Médailles, la Monnaie de Paris détient le monopole de la médaille frappée. À la fin du XIXe siècle, la médaille investit toutes les couches de la société et devient aussi un objet décoratif. Aujourd'hui, la médaille conserve son statut symbolique entre objet d'art et commémoration, et représente jusqu'à un tiers des activités des ateliers parisiens.

1. Mariage de Louis, dauphin de France, et de Marie-Thérèse d'Espagne, 1745, attribué à Edme Bouchardon, dessin de médaille, sanguine.

2. Cardinal Mazarin, 1659, avers, Jean Warin, Paris, bronze, frappe au balancier, 62,2 mm.

3. Positionnement des matrices dans une presse à frapper les médailles.

4. Médaille après une passe de frappe.

3

4

18

La Médaille et son double, créée par Joris Van de Moortel, se compose de deux médailles concentriques, une grande médaille en bronze et une médaille centrale en argent. La médaille principale représente d'un côté une scène de danse macabre médiévale, en écho à la pandémie de Covid-19, de l'autre un navire, allégorie de la *Nef des fous*. La pièce centrale, amovible, symbolise « la porte de sortie de ce monde ». Sur une face, le mot *Nobody* (« Personne »), désignation du Mal au XVIe siècle. Sur l'autre, les sept éléments selon l'artiste : *glass, smoke, fire, wax, nature, white, vandal* (« verre, fumée, feu, cire, nature, blanc, vandale »). Chaque face est entourée de deux flûtes, symbolisant ce moyen de communiquer universel qu'est la musique.

La médaille centrale étant simplement emboîtée, et non fixée, dans la médaille principale, il est facile de varier la disposition des faces, faisant de la création de Joris Van de Moortel une médaille à quatre faces et démultipliant ainsi sa portée symbolique.

17. *Épices*, 2018, avers, Subodh Gupta, atelier de gravure de la Monnaie de Paris, bronze florentin plaqué or. Le motif représente un mélange d'épices – poivre noir, cumin, cardamome, coriandre et cannelle – couramment utilisées dans la cuisine indienne.

18. Les différents états de *La Médaille et son double* : à gauche, le prototype en bois pyrogravé ; en haut, le flan de la future médaille ; à droite, la médaille principale sans la pièce centrale ; en bas, la médaille complète ; tout autour, flan et plusieurs exemplaires (revers et avers) de la médaille centrale en argent.

11

12

La réalisation d'une médaille se révèle bien plus complexe que celle d'une monnaie. Le flan de métal est frappé 3 à 4 fois en moyenne. Chaque passe est suivie d'un recuit au four pendant 8 heures pour redonner au métal sa malléabilité, puis d'un trempage dans un bain d'eau-forte afin d'éliminer les impuretés. Ensuite, la bande de métal qui déborde de la médaille est enlevée par détourage afin de parfaire sa forme, avant les opérations finales de polissage et de finition, patine, argenture ou dorure.

« Et la médaille austère
Que trouve un laboureur
Sous terre
Révèle un empereur. »

Théophile Gautier, « L'Art »,
in *Émaux et Camées*, 1852.

Longtemps associée au pouvoir et aux institutions, la médaille devient objet d'art à la fin du XIXe siècle, attirant une nouvelle génération de sculpteurs et de graveurs. Sous la houlette des grands médailleurs Oscar Roty et Jules-Clément Chaplain, les artistes osent de vastes compositions de formes et de dimensions inédites, allant jusqu'à de petits bas-reliefs décoratifs.

Aujourd'hui, la Monnaie de Paris veut réinventer la médaille et a lancé un concours auprès des créateurs contemporains, le Prix de la Monnaie de Paris, qui a distingué pour sa première édition, en 2021, le plasticien Joris Van de Moortel et le designer Laurent Massaloux.

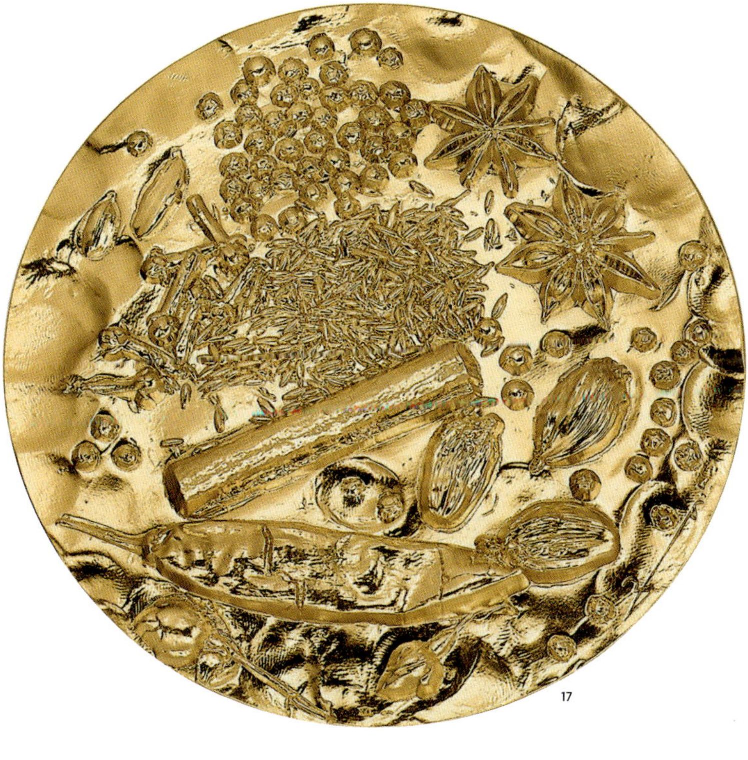
17

Bijoutiers-joailliers, taille-douciers, émailleurs et polisseurs travaillent en étroite collaboration avec les maîtres graveurs, estampeurs, monnayeurs… pour la réalisation des médailles et décorations officielles.

5

6

7

4. Bijoutage (travail de finition) d'une décoration ; l'artisan prend appui sur la cheville, pièce de bois dur qui dépasse de l'établi et sert de support pour percer, limer, scier, polir.

5. Soudage au chalumeau des bélières (anneaux de suspension) de médailles.

6. Dépôt d'émail bleu sur la pièce d'or Excellence, Manufacture de Sèvres.

7. Enfonçage du poinçon de garantie sur un bijou en argent.

8. Médaille de l'Ordre national du Mérite.

9. Médaille d'honneur du Travail (40 ans).

10. Médaille des Arts et Lettres.

11. Médaille de la Légion d'honneur.

12. Émaillage au pinceau de la croix d'une décoration de la Légion d'honneur.

13. L'établi de l'émailleur, avec, à portée de main, les coupelles de poudre d'émail, les plateaux de pièces en cours d'émaillage, les outils, souvent faits maison, et le bandeau-loupe binoculaire.

1

Depuis la seconde moitié du XIXe siècle, la Monnaie de Paris fabrique les décorations officielles des rois, puis de la République. Réalisées dans des métaux et selon des formes et des finitions très diverses, composées de plusieurs éléments, les décorations associent les techniques de fabrication des médailles à celles des bijoux. Certaines pièces de forme complexe, comme les croix des Grands Ordres, sont réalisées à partir de flans de forme, estampés puis découpés à la presse par l'intermédiaire d'emporte-pièces.

2

3

L'art des décorations

Riche d'une longue tradition de savoir-faire dans l'art de la gravure et la ciselure des métaux précieux, la Monnaie de Paris disposait de tous les atouts pour évoluer vers la création et la réalisation de bijoux et de décorations. À la fin du XIXe siècle, elle crée dans ses murs un atelier de bijouterie qui s'illustre particulièrement dans la production de décorations civiles et militaires, comme l'Ordre national du Mérite, les Palmes académiques ou la Légion d'honneur. Leur réalisation est confiée à une équipe réunissant bijoutiers-joailliers, taille-douciers, émailleurs et polisseurs. Les pièces émaillées sont décorées selon la technique noble et ancienne dite « grand feu », que l'atelier de la Monnaie de Paris est l'un des rares à pratiquer en France : la poudre d'émail, minutieusement déposée au pinceau, à l'aiguille ou au porte-plume, est cuite à 900°. Le résultat diffère légèrement d'une pièce à l'autre, faisant de chacune une pièce unique.

1. Estampage de flans de forme de Palmes académiques, la matrice inférieure, fixe, est ici en place dans la presse.

2. Émaillage après découpe à l'emporte-pièce.

3. Cuisson des décorations au four électrique après émaillage.

50

8

9

10

11

La Monnaie de Paris fabrique pour les bijoutiers français les poinçons de garantie pour les métaux précieux (tête d'aigle pour l'or, tête de Minerve pour l'argent). Elle appose son poinçon (la corne d'abondance) sur ses propres productions.

« Sculpte, lime, cisèle ;
Que ton rêve flottant
Se scelle
Dans le bloc résistant ! »

Théophile Gautier, « L'Art »,
in *Émaux et Camées*, 1852

La Monnaie de Paris entretient la tradition et le savoir-faire de l'émail grand feu sur argent massif (950 ‰). L'émailleur reçoit les décorations, les bijoux ou les médailles sous forme de flans présentant des alvéoles et insère dans chacun d'eux quelques gouttes d'émail qu'il prépare lui-même à partir de poudres de silice colorées - il dispose d'une gamme d'une centaine de couleurs. Ce travail patient et minutieux fait appel à des outils de précision, porte-plume, aiguille, pinceau... Puis l'émailleur maîtrise la fixation des poudres d'émail par de courtes cuissons successives - une cuisson par couleur - à 900 degrés.

12

6

Le modèle en cire est disposé dans un cylindre métallique, rempli ensuite de plâtre réfractaire, la carapace. Vient le décirage : la cire fondue s'échappe du moule chauffé par l'évent tourné vers le bas. Pour la coulée, le moule est rempli de métal en fusion par l'évent tourné vers le haut. Après refroidissement complet, le moule en plâtre est brisé au marteau ou au jet d'eau à haute pression : c'est le décochage. Chaque pièce, encore « brute de fonderie », passe ensuite entre les mains du ciseleur, qui va limer, brosser, ébavurer le métal jusqu'à faire disparaître la plus infime imperfection laissée par le moule.

7

Un moule en élastomère, réalisé à partir de l'original, est rempli de cire en fusion. Une fois refroidie et démoulée, la copie en cire passe entre les mains du modeleur, qui la retouche pour éliminer les défauts et la prépare en vue des opérations de fonte, en soudant des bâtonnets de cire qui vont former autant d'évents destinés à évacuer la cire fondue, à faciliter la circulation du métal liquide dans le moule et à évacuer les gaz chauds. Si plusieurs pièces identiques sont coulées ensembles, elles sont soudées en grappe sur une tige de cire, l'arbre de coulée.

3

4

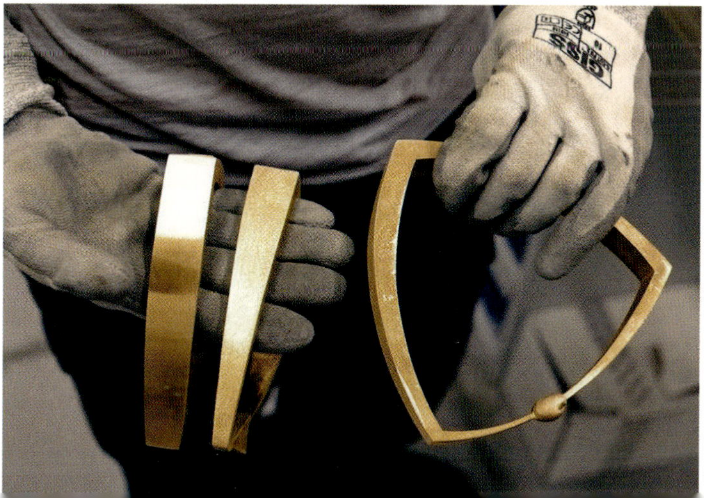

5

3. Coulée de la cire, chauffée entre 80 et 150 °C selon sa composition, dans un moule en élastomère.

4. La copie en cire après démoulage.

5. La pièce finale en bronze après fonte et polissage.

6. Coulée de bronze en fusion dans un creuset. Le métal est fondu entre 800 et 1 100 °C selon la nature de l'alliage utilisé.

7. Les fondeurs sont protégés par des combinaisons aluminisées et des masques antirayonnements.

1

Dans le procédé de fonte en cire perdue, la copie en cire de la sculpture originale doit être adaptée aux opérations de réalisation du moule en plâtre : ici, un tube a été ajouté sur le cou du cygne pour permettre le décirage.

Les secrets des bronzes d'art

Unique à Paris, la fonderie de la Monnaie perpétue la tradition du bronze d'art. La technique traditionnelle de la cire perdue reste la plus employée : la sculpture originale est reproduite en cire, cette copie de cire est enrobée dans une carapace de plâtre puis mise au four. La cire va fondre et s'échapper : c'est le décirage. Lors de la coulée, le métal en fusion vient alors remplir les vides laissés par la cire. Une fois refroidi, le plâtre est détruit pour dégager la pièce de bronze, que le ciseleur débarrasse de ses imperfections. Enfin intervient le travail du patineur, qui donne sa teinte définitive à la pièce. Il transforme son aspect en la colorant en surface avec des mélanges – soigneusement tenus secrets – de sels métalliques appliqués sur le métal chauffé au chalumeau. L'application de cire naturelle antioxydation parachève les opérations. Depuis les années 1970, un nouveau procédé de moulage, le Vacuum-Process, utilisant des moules en sable fin compacté sous vide, est parfois employé pour la réalisation de pièces fines avec un très bon état de surface.

1. Retouche manuelle du modèle en cire du Swann d'or, trophée du Festival du film romantique de Cabourg.

2. Les Swann d'or sont réalisés selon la technique de la cire perdue, suivie d'un martelage pour faire miroiter les surfaces.

« Prométhée prit le parti de dérober à Héphaïstos et à Athéna les arts et le feu, car sans le feu la connaissance des arts est impossible et inutile ; et il en fit présent à l'homme. »

Platon, *Protagoras*, ch. VI, 320.321C

Aux patines traditionnelles, vertes et brunes, appréciées depuis l'Antiquité, sont venus s'ajouter les bleus, noirs, rouges et toutes les déclinaisons des ocres. Une fois obtenues la teinte et la profondeur souhaitées, une application de cire stoppe l'oxydation et ajoute la touche finale, en donnant à la pièce un satiné qui rend sa couleur plus lumineuse et plus homogène.

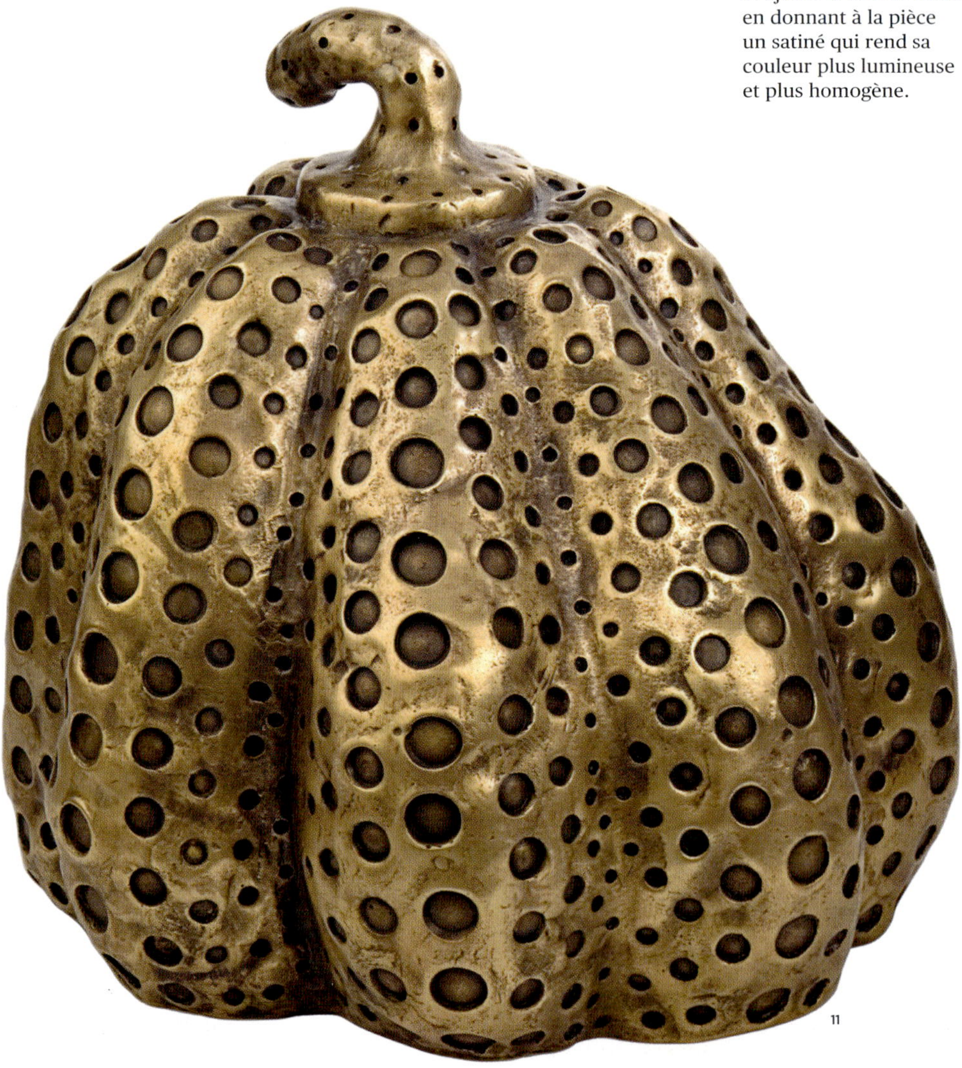

8

9

10

Après le ciseleur, intervient le patineur. Il travaille en chauffant la pièce au chalumeau tout en appliquant au pinceau, par petites touches jusqu'à obtenir la nuance désirée, une solution de sels métalliques qui colore le métal en surface. L'objectif est d'accrocher la lumière et de valoriser les volumes de la pièce. Pour cela, il dispose de 15 teintes de base obtenues à partir d'oxydes métalliques (de fer, de cuivre, de chrome...), dont les mélanges, établis selon des recettes jalousement tenues secrètes et transmises de génération en génération, composent une palette de plus de 250 nuances.

8. Patine spéciale à la pierre ponce pilée et au doigt.

9. Patine à la brosse d'une médaille.

10. Deux types de finition pour cette statuette en bronze du Petit Prince par Renée Mayot : patine verte et bronze ciré.

11. *Pumpkin*, 1998, bronze de l'artiste japonaise Yayoi Kusama. (Exemplaire du dépôt légal).

14

14

4. Gros (ou sou) tournois de Louis IX, argent, Paris, avers et revers.

5. Ducat de Venise, or, non daté, avers et revers.

6. Solidus de Constance II, or, non daté (début du IVe siècle), avers et revers.

7. 5 centimes, Augustin Dupré, cuivre, An VII (1798-1799), avers et revers.

8. Oban japonais, or signé d'une calligraphie à l'encre noire, avers, entre 1725 et 1837.

9. Double tournois d'Henri IV, bronze, Paris, 1605, avers et revers.

10. Teston de François Ier, argent, XVIe siècle, avers et revers.

11. 20 francs, Jules-Clément Chaplain, 1909, avers et revers.

12. 25 centimes, Edmond-Émile Lindauer, cupro-nickel, 1914, avers et revers.

13. 1 nouveau franc, Oscar Roty, nickel, 1960, avers et revers.

À la différence de l'Occident, l'Extrême-Orient a longtemps utilisé des monnaies de formes très diverses : plaquettes rectangulaires ou ovales tel l'oban japonais, pièces en forme de fleur, de gourde, de couteau, de bêche...

Au sein du musée, la salle des Trésors présente quatre des quinze trésors conservés par la Monnaie de Paris. Le plus ancien, le trésor archéologique des Authieux, remonte à la fin du IIIe siècle. Il comporte surtout des monnaies, dont une sélection est exposée. Le trésor du *Slot Ter Hooge* raconte l'étrange destin de ce navire hollandais chargé de lingots et de monnaies d'argent, qui sombra près de Madère en 1724. Un ingénieux plongeur récupéra alors 90 % de la cargaison, le reste fut remonté en 1974, dont les lingots et les mythiques « pièces de 8 réaux » présentés. Le trésor de Huê est entré en possession des troupes coloniales françaises en 1886. Si une grande partie a été fondue, 150 lingots et médailles d'or et d'argent ont été préservés. Le trésor de la rue Mouffetard, découvert lors de la démolition d'un immeuble en 1938, comptait 3 556 pièces d'or à l'effigie de Louis XV, accompagnées du testament du propriétaire. Présentées avec les pièces exposées, des coupures de journaux d'époque racontent l'événement.

4

5

6

7

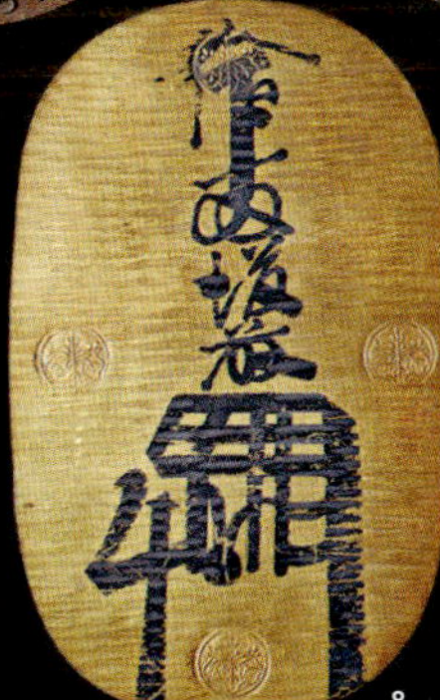

8

9

10

11

12

13

DECUS IMPERII GALLICI
HOSTES AB IPSOMET REGE
FUSI AD FONTENOIUM
XI. MAII MDCCXLV.

2

3

Au fil du temps et des régimes, la monnaie raconte l'Histoire des pays, d'abord de manière spontanée, chaque monarque signant sa monnaie de son portrait. Ensuite, les pièces deviennent porteuses des symboles de l'État, en France le coq, Marianne ou *la Semeuse*. La médaille commémore au premier chef les hauts faits, victoires militaires ou diplomatiques. Ce rôle de propagande culmine avec l'histoire métallique du règne de Louis XIV. Aujourd'hui, la monnaie reste porteuse d'une image officielle - ainsi les faces nationales des euros - tandis que la médaille reste événementielle.

Quand monnaies et médailles racontent l'Histoire

Du tétradrachme grec à l'« ultime franc » de Philippe Starck, de l'« histoire métallique » des rois de France au « kilo or » du 850e anniversaire de Notre-Dame de Paris, la Monnaie de Paris veille sur une collection patrimoniale de monnaies et médailles sans équivalent dans le monde et qui ne cesse de s'enrichir. Les principaux chefs-d'œuvre, témoins de millénaires d'histoire économique, de relations politiques et d'événements culturels, sont présentés dans les vitrines du musée de la Monnaie de Paris. L'institution conserve également dans ses réserves la collection quasi exhaustive des différentes pièces françaises frappées depuis le haut Moyen Âge et des médailles produites quai de Conti depuis 1807 et l'installation dans le même lieu, par Napoléon Ier, de la Monnaie des Médailles et de la Monnaie des Espèces (ou Monnaie de Paris). Les archives métalliques de l'entreprise représentent plus de 400 000 outillages de médailles, dont les plus anciens remontent au XVIe siècle – une iconothèque d'une extrême richesse, qui inspire souvent les créateurs d'aujourd'hui.

1. Bataille de Fontenoy, 1745, attribué à Edme Bouchardon, dessin de médaille, sanguine.

2. 5 000 euros Notre-Dame de Paris, or, 2013, avers et revers.

3. « Un ultime franc », Philippe Starck, or, 2001, avers et revers.

16

20

17

21

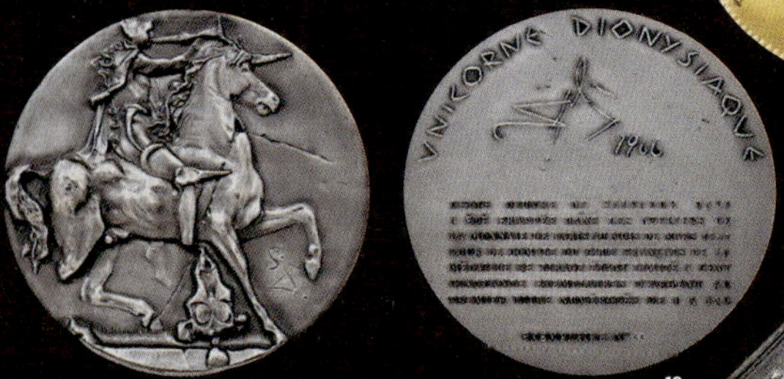

18

22

19

23

Sur les conseils du graveur Jean Warin, le jeune Louis XIV comprend très tôt l'intérêt des médailles pour célébrer sa gloire, qu'il considère comme « la chose du monde qui m'est la plus précieuse ». C'est le début d'une histoire métallique - l'histoire retracée sous l'angle des médailles qui ont ponctué chaque événement - la plus riche et la plus abondante qui soit, conçue dans les moindres détails pour célébrer la grandeur du règne. Bientôt, toutes les médailles seront frappées à la même taille, pour trouver place dans les alvéoles de somptueux médailliers commandés aux meilleurs ébénistes du temps, comme André-Charles Boulle. Cette normalisation donne naissance à la Série uniforme, qui se répand dans les cours européennes : cadeaux diplomatiques très appréciés, les médailles royales sont offertes aux visiteurs de marque et aux ambassadeurs.

« Ainsi il continuait à battre de la monnaie d'or et d'argent, tandis qu'il n'était permis à un vassal que de frapper de la monnaie de cuivre. »

Prosper de Barante, *Histoire des ducs de Bourgogne,* 1824

15

14. Lingots d'or et médaille monétaire du trésor de Huê, Annam, dynastie des Nguyen, 1820-1883.

15. Médaillier d'une paire commandée par Nicolas Delaunay, directeur de la Monnaie des Médailles sous Louis XIV, début du XVIIIe siècle, atelier de Charles-André Boulle, amarante, ébène, laiton, bronze doré.

16. Reconstruction du pont Saint-Michel, 1617, Paris, avers et revers, Nicolas Briot, argent, frappe au balancier, 53 mm.

17. Louis XIV, destructeur de l'hérésie, 1686, avers, François Bertinet, bronze patiné, fonte, 137,5 mm.

18. Unicorne dionysiaque, 1967, avers et revers, Salvador Dalí, argent, frappe au balancier, 81 mm.

19. Congrès international de numismatique, 1900, avers, Daniel Dupuis, bronze, frappe au balancier, 60 × 38 mm.

20. Henri IV, en Mars, terrassant le duc de Savoie, en centaure, 1601, revers, d'après Nicolas Guinier, plomb patiné, fonte, 92 × 78 mm.

21. Bonaparte Premier Consul visite la Monnaie de Paris le 12 mars 1803, 1803, jeton, avers et revers, Pierre-Joseph Tiolier, or, frappe au balancier.

22. Manufactures de Saint-Gobain, Chauny et Cirey, 1830, jeton octogonal, avers et revers, Raymond Gayrard, argent, refrappe au balancier postérieure à 1880.

23. Hommage à Rudyard Kipling, *le Livre de la jungle*, 1966, avers et revers, Jean Joachim, bronze, fonte, 172 mm.

La Monnaie de Paris, pérenniser l'excellence

La Monnaie de Paris de Jacques-Denis Antoine reflétait les conceptions architecturales, industrielles et sociales les plus novatrices du Siècle des lumières. La Monnaie de Paris d'aujourd'hui se fait l'écho de préoccupations similaires à l'aube du XXIe siècle.

La réorganisation des bâtiments et leur réaffectation, la rationalisation des ateliers, la prise en compte de problématiques actuelles, comme le rôle futur de la monnaie métallique ou les questions environnementales, tout cela tend vers un même objectif : conférer à la Monnaie de Paris les moyens d'entrer de plain-pied dans le troisième millénaire, lui permettre de pérenniser l'excellence de ses savoir-faire et de ses métiers d'art, à travers une politique d'ouverture à tous les publics et à tous les talents.

À la différence de tant de monuments historiques réduits à de somptueux écrins, le palais du quai de Conti est d'abord le siège d'une entreprise industrielle, avec tout ce que cela implique : dynamisme commercial, présence à l'export, rentabilité, rigueur de gestion, politique active de recrutement et de formation du personnel, qualité des produits, recherche permanente de l'innovation, respect de l'environnement... À ces impératifs partagés par la quasi-totalité des entreprises s'ajoutent des exigences particulières, directement liées à l'histoire et à la spécificité de la Monnaie de Paris : une mission culturelle et éducative, le souci de transmettre des savoir-faire d'exception menacés de disparition, l'intégration harmonieuse des nouveautés technologiques dans le respect des traditions, un lien renforcé avec les artisans d'art et les artistes, ainsi qu'une obligation de sécurité et de confidentialité liée à la nature même des productions, monnaies d'or et d'argent, médailles et objets d'art et de collection à tirage limité.

Mille façons de (re)découvrir la Monnaie de Paris

Depuis 2017, la Monnaie de Paris a largement ouvert au public des portes jusque-là à peine entrouvertes. La conception même du nouveau musée reflète cette préoccupation : faire découvrir à tous l'univers des monnaies et des médailles, leur signification et leurs secrets de fabrication, à travers une visite

Le nouveau revêtement de l'Atelier central d'outillage et de gravure évoque les plaques de métal après découpe des flans monétaires.

ludique et interactive. Depuis l'extraction des minerais et la chimie des métaux jusqu'aux diverses techniques de frappe, depuis les pièces antiques jusqu'aux créations contemporaines les plus prestigieuses, chacun peut s'initier à l'histoire de la monnaie métallique, à ses techniques de fabrication, à son évolution. Le parcours muséal permet également d'assister en direct à la réalisation des bronzes d'art, de la coulée à la patine manuelle, de tester son talent de monnayeur avec le dispositif de la frappe au marteau, ou encore de s'initier à la détection de la fausse monnaie.

Le parcours de visite est conçu comme une expérience sensorielle complète, accessible à tous les publics, y compris les malvoyants et malentendants. Les principales informations leur sont accessibles par des cartels en braille et en gros caractères, des dessins en relief et en volume. Ils peuvent également visiter les collections et les expositions avec des accompagnateurs qui leur décrivent ce qui leur est invisible. D'autres objets sont proposés à la manipulation des visiteurs, comme les outils du graveur, ou ceux utilisés au cours des étapes successives de la fabrication d'une médaille, d'une décoration et d'un bronze d'art, chacun pouvant devenir acteur de son expérience.

Outre la vue et le toucher, l'ouïe et l'odorat sont aussi sollicités, entre les vidéos didactiques ou historiques (sous-titrées en langue des signes) et la diffusion des sons et des odeurs typiques de certaines activités des ateliers.

Des objets de collection à la portée de tous

Installée dans l'ancienne fonderie d'art, la boutique de la Monnaie de Paris s'organise en une enfilade de salons qui présentent chacun une vaste sélection de productions

La salle du Médaillier renferme plus de 80 000 monnaies de l'Antiquité à nos jours, de France et de tous pays.

de l'établissement : monnaies de collection, médailles d'artistes, décorations civiles et militaires, bijoux, bronzes d'art, ainsi qu'une librairie et son rayon papeterie. Autant de gammes très diverses, mais toujours d'une grande qualité technique et artistique à la hauteur des savoir-faire des artisans. L'architecte Philippe Prost a tiré parti d'espaces modifiés au début du XIXe siècle pour rétablir la pleine hauteur du dôme s'élevant au centre de la façade de la rue Génégaud, vers laquelle il a ouvert un accès direct.

Transmettre et rassembler les talents

À ce jour, la Monnaie de Paris abrite une quinzaine de métiers d'art - une concentration exceptionnelle de savoir-faire et de talents. Mais ces métiers rares et ces savoir-faire uniques, parfois menacés de disparaître, ne pourront se perpétuer que si tout est fait pour favoriser les passages de relais afin de les pérenniser. Depuis les années 2010, la Monnaie de Paris s'engage en ce sens. En multipliant les partenariats avec les écoles Boulle, Estienne, les Beaux-Arts de Paris et l'École supérieure d'arts graphiques Penninghen, l'institution soutient le maintien des formations de ses futurs artisans et créatifs, notamment les graveurs.

L'évolution du statut de la Monnaie de Paris, transformée en Epic, joue aussi un grand rôle, en permettant d'élargir le recrutement : les postes à pourvoir, longtemps ouverts uniquement sur concours, sont aujourd'hui accessibles par un statut contractuel de droit commun. Des spécialistes de haut niveau, parfois venus de la haute horlogerie ou de la haute joaillerie, ont ainsi rejoint les ateliers. L'année 2015 a vu un petit bouleversement : dans l'univers plutôt masculin des ateliers parisiens, une femme a pour la première fois

Après rénovation, la cour des Fonderies, désormais accessible aux visiteurs, donne accès à la boutique et au musée.

Le débat est vif entre les tenants de la disparition totale de l'argent liquide afin, selon eux, de mettre un terme à l'économie souterraine, et ceux qui estiment, à l'inverse, que la possibilité de régler une transaction sans laisser une trace informatique indélébile du moindre de ses faits et gestes représente une liberté individuelle majeure – la pluralité des moyens de paiement n'est-elle pas un des fondements de la confiance dans la monnaie et de la liberté des citoyens ? Quoi qu'il en soit, l'utilisation des espèces reste plébiscitée par une grande majorité de citoyens des pays les plus développés : en 2019, 73 % des paiements en zone euro ont été effectués en espèces. Et même en période de crise sanitaire, la circulation de monnaie n'a pas cessé d'augmenter : + 10 % en 2020 pour l'euro – la tendance est identique pour d'autres monnaies de référence comme l'US dollar : + 15 % en 2020.

L'émission de monnaie, le droit de « battre monnaie », reste fondamentalement un privilège régalien, c'est-à-dire un des piliers de la souveraineté nationale avec la sécurité et la justice. Même avec le passage à l'euro, seuls les billets de banque et les pièces émises sous contrôle de la Banque centrale européenne, la BCE, disposent d'un cours légal, c'est-à-dire d'un pouvoir libératoire (pouvoir de libérer l'utilisateur d'une dette) immédiat et définitif – à la différence de tous les autres instruments de paiement, dont le pouvoir libératoire est conditionné par l'approvisionnement du compte bancaire du titulaire.

Au-delà de ces arguments, il est probable que les paiements en espèces demeureront, pour longtemps, utilisés dans la plupart des pays du monde. La commodité d'utilisation des espèces, qui permettent un paiement immédiat en toutes circonstances, représente un avantage décisif, ainsi que leur caractère gratuit, contrairement aux autres moyens de paiement.

La monnaie métallique constitue aussi un puissant facteur de fierté nationale et porte les symboles de l'appartenance à une communauté. Elle véhicule l'image du pays émetteur – portraits des monarques et des grands personnages, grands symboles comme *la Semeuse* ou Marianne en France, commémorations… C'est ainsi qu'il a été décidé, lors du passage à l'euro, et à la différence des billets, que les pièces présenteraient une face commune à l'ensemble des États membres et une face nationale, chaque pays de la zone euro ayant le libre choix des motifs de ses faces nationales.

La Monnaie de Paris fabrique chaque année dans son usine de Pessac plus d'un milliard de pièces, dont la moitié est destinée à l'exportation vers des pays du monde entier. Elle connaît donc bien cette force symbolique de la monnaie métallique, et les créations originales de ses graveurs s'appuient sur les grands emblèmes des pays concernés : figures patriotiques, monuments, grands sites ou encore faune et flore locales, tel le cèdre du Liban.

Répondre aux exigences environnementales

Par nature, la monnaie métallique se montre particulièrement écologique : sa longévité se mesure souvent en décennies, elle est recyclable à l'infini, et son usage courant ne consomme pas d'énergie. Elle se démarque en cela de la monnaie papier, à courte durée de vie (environ deux ans) et peu recyclable – les billets usagés sont broyés et incinérés –, et surtout des transactions par voie numérique, très gourmandes en électricité et dont le bilan carbone devient de plus en plus préoccupant.

Entreprise-phare, la Monnaie de Paris se doit d'intégrer dans toutes ses activités les bonnes pratiques environnementales et

sociales de la démarche RSE (Responsabilité Sociétale des Entreprises), afin de s'inscrire dans une démarche de développement durable, l'objectif étant de chercher à avoir un impact positif sur la société tout en étant économiquement viable.

Dès à présent, cette démarche se concrétise sur de multiples fronts, le premier, le plus anciennement pratiqué, étant la réutilisation systématique des monnaies retirées de la circulation. Les monnaies courantes obsolètes ou usées voient leur valeur faciale détruite par écrasement : les pièces redeviennent ainsi de simples flans qui seront retraités en fonction de leur composition.

Autre préoccupation croissante, les conditions d'extraction des métaux précieux. La Monnaie de Paris aura été, en 2018, la première institution à s'impliquer dans l'utilisation d'or certifié éthique. Cet or répond aux exigences du label « Fairmined », qui garantit le respect des normes sociales et environnementales lors de son extraction à petite échelle dans des mines artisanales. Il provient d'une coopérative colombienne qui emploie 200 personnes, à qui la Monnaie de Paris a commandé jusqu'à présent 50 % de la production annuelle de la mine. Concrètement, cet or est acheté à un prix supérieur au cours du marché normal, cette surprime venant financer le développement des communautés locales autour de la mine. Ainsi, en Colombie, la coopérative a investi dans la sécurité des mineurs et une partie de la prime a permis de protéger une zone de forêt primaire aux alentours. De plus en plus, investir dans une monnaie d'or de collection revient à faire un geste pour la planète et la dignité humaine.

En mouvement dans un monde qui change, la Monnaie de Paris a toujours su en anticiper les évolutions et voit son avenir inscrit dans sa devise, *Frapper la monnaie et les esprits.*

Fabrication industrielle des monnaies à l'établissement de Pessac, goulotte en sortie de presse à haute cadence de frappe.

Crédits photographiques

Couverture : Coin monétaire pour la pièce de 1 kilo or Boucheron, dans l'atelier de gravure à la Monnaie de Paris. © Dominique Fontenat.

Page de garde : Médaille représentant la construction de l'hôtel de la Monnaie, 1770, Charles-Norbert Roëttiers. Musée de la Monnaie de Paris. © Monnaie de Paris/collections historiques.

La monnaie de Paris, mille ans d'activités
P. 2, 6, 11 : © Monnaie de Paris ; *p. 5 :* © Monnaie de Paris/collections historiques/Dominique Antérion ; *p. 7 et 8 :* © Monnaie de Paris/collections historiques ; *p. 9 :* collection particulière, D. R.

Le palais Conti, un trésor architectural
1, 2, 5, 7 : © Monnaie de Paris ; *3 :* © Monnaie de Paris/Bernard Touillon ; *4 :* © Dominique Fontenat ; *6 :* © Monnaie de Paris/collections historiques.

Des mines à la monnaie, l'odyssée des métaux
1, 2, 3 : © Monnaie de Paris/collections historiques ; *4, 10, 13 :* © Monnaie de Paris /Dominique Antérion ; *5, 6, 7, 9, 11, 12, 15, 16 :* © Monnaie de Paris ; *8 :* © Monnaie de Paris/Jean-Marie Duvillier ; *14 :* © Monnaie de Paris/collections particulières/Dominique Antérion ; *17 :* © Monnaie de Paris/Bernard Touillon.

Du dessin à la gravure
1 : © Monnaie de Paris ; *2, 3, 4, 8 :* © Dominique Fontenat ; *5 :* © Monnaie de Paris/collections historiques ; *6, 9, 10, 11 :* © Monnaie de Paris/Jean-Marc Martin ; *7 :* © Joaquin Jimenez/Monnaie de Paris.

De la gravure à l'outil de frappe
1, 2, 5 : © Monnaie de Paris ; *3 :* © Monnaie de Paris/Jean-Marc Martin ; *4, 6, 7, 8 :* © Dominique Fontenat.

L'outillage, un travail d'orfèvre
1, 3, 4, 9 : © Dominique Fontenat ; *2 :* © Monnaie de Paris/Jean-Marie Duvillier ; *5, 6, 7 :* © Monnaie de Paris ; *8 :* © Monnaie de Paris/Cédric Pinchon.

Frapper monnaie d'hier à aujourd'hui
1 : © Musée de la Banque nationale de Belgique, Bruxelles ; *2 :* © Monnaie de Paris/Jean-Marc Martin ; *3, 4, 5, 7, 9, 10, 11, 13 :* © Monnaie de Paris ; *6, 12 :* © Monnaie de Paris/Jean-Marie Duvillier ; *8 :* © Dominique Fontenat.

La médaille, témoin de l'Histoire
1 : © Monnaie de Paris/SAEF ; *2, 4, 5, 6, 7, 9, 10, 11, 12, 13, 14, 15, 16 :* © Monnaie de Paris ; *3 :* © Monnaie de Paris/Jean-Marc Martin ; *8 :* © Monnaie de Paris/Jean-Marie Duvillier ; *17 :* © Subodh Gupta/Monnaie de Paris/Jean-Marc Martin ; *18 :* © Dominique Fontenat.

L'art des décorations
1, 7, 12 : © Monnaie de Paris/Jean-Marc Martin ; *2, 3, 5, 6, 8, 10, 11 :* © Monnaie de Paris ; *4, 13 :* © Dominique Fontenat ; *9 :* © Monnaie de Paris/Jean-Marie Duvillier.

Les secrets des bronzes d'art
1, 2, 5, 6, 7, 10 : © Monnaie de Paris ; *3, 4 :* © Dominique Fontenat ; *8, 9 :* © Monnaie de Paris/Jean-Marc Martin ; *11 :* © Yayoi Kusama/Monnaie de Paris.

Quand monnaies et médailles racontent l'Histoire
1 : © Monnaie de Paris/SAEF ; *2, 3, 4, 5, 6, 7, 8, 9, 10, 11, 12, 13, 15, 16, 17, 18, 19, 20, 21, 22, 23 :* © Monnaie de Paris ; *14 :* © Monnaie de Paris/Jean-Marc Martin.

La Monnaie de Paris, pérenniser l'excellence
P. 12, 15, 21 : © Dominique Fontenat ; *p. 14 :* © Dominique Antérion ; *p. 16 :* © Monnaie de Paris/Younh-Ah Kim ; *p. 17, 19 :* © Monnaie de Paris.

Page de garde : Plaques de métal après découpe des flans, Grand Monnayage de la Monnaie de Paris. © Dominique Fontenat.

Dans la salle de la Manufacture du musée, dispositif interactif de découverte de la fabrication des monnaies et médailles et tour à réduire présenté en fonctionnement.

LES TECHNIQUES DE LA GRAVURE MÉCANIQUE
XVIe-XVIIIe SIÈCLES, LA FRAPPE AU BALANCIER

Remerciements

L'auteur tient à remercier pour leur aide précieuse et leur disponibilité, Dominique Anterion, chargé des collections patrimoniales et du Médailler, Béatrice Coullare, responsable de la Conservation, Catherine Distler, directrice générale adjointe, directrice de la Stratégie et de la Prospective, Laure Gauffre, guide-conférencière, chargée de contenus pédagogiques, Joaquin Jimenez, graveur général, directeur de la création artistique, Éric Matte, responsable de la production, Stéphanie Molinard, responsable des programmes et de l'action culturelle, Yves Sampo, responsable de l'atelier gravure, maître d'art chargé de la transmission.

Un merci tout particulier aux équipes des ateliers pour leur accueil, leur patience, leur envie d'expliquer et de partager leurs savoir-faire.

L'auteur

Écrivain, traducteur, journaliste d'entreprise et passionné d'archéologie industrielle, Jean-Noël Mouret est diplômé de Sciences-Po Bordeaux et ancien élève des Arts et Métiers. Il se partage entre la communication institutionnelle, la médiation du patrimoine scientifique et technique et l'écriture. Il a notamment publié, aux éditions Gallimard, *Louis Renault* (Folio Biographies, 2009), *Darwin* (Folio Biographies, 2014), *Réaliser le futur. Un défi technique et humain* (Thales/Gallimard, 2017), et collaboré à l'ouvrage *Le code de l'immortalité* du biologiste moléculaire Miroslav Radman (Humensis, 2019).

HORS SÉRIE DÉCOUVERTES
AU CŒUR DE LA MONNAIE DE PARIS
Direction des partenariats : Franck Fertille
Direction éditoriale : Nathalie Bailleux
Développement éditorial : Caroline Levesque
Edition : Geneviève de La Bretesche
Direction artistique : Anne Lagarrigue
Graphisme : Valentina Léporé assistée de Pascale Comte
Lecture-correction : Capucine Jahan
Fabrication : Marie-Agnès Naturel, Christine Lopes
Presse : Béatrice Foti, assistée de Coline Birette
Photogravure : Hyphen, Orio al Serio, Italie

Dépôt légal : mars 2022 - Numéro d'édition : 395412 - ISBN : 978-2-07-294713-1
Imprimé en Italie par Cooperativa Lavoratori Zanardi